Heinrich Spaemann
Stärker als Not, Krankheit und Tod

Heinrich Spaemann

Stärker als Not, Krankheit und Tod

Besinnung und Zuspruch

Herder

Freiburg · Basel · Wien

3. Auflage als Sonderausgabe

Abbildung auf Umschlag: Die Hand Gottes.
Mosaik, San Marco, Venedig. Foto: Erich Lessing

© Verlag Herder Freiburg im Breisgau 1981
Imprimatur. – Freiburg im Breisgau, den 9. Juni 1981
Der Generalvikar: Dr. Schlund
Herstellung: Freiburger Graphische Betriebe 1984
ISBN 3-451-20245-X

Vorbemerkung

Die verschiedenen Kapitel dieses Buches verbindet die in seinem Titel genannte Thematik. Ihre Niederschrift wurde durch je eigene Anlässe der Verkündigung nahegelegt. Damit hängt es zusammen, daß gelegentlich bestimmte Gedanken und Formulierungen in einem anderen Kontext wiederkehren. Das braucht die Nachsicht des Lesers, auch wenn das Anliegen des Buches kein literarisches ist.

H. Sp.

Inhalt

I.

Ziel der Zeit

Gott schenkt uns Zeit

Zeit kann man sich auf keine Weise besorgen, sie wird einem geschenkt, anders gibt es sie nicht. Wer schenkt sie? Gott. Warum? Aus Liebe. Oder welch anderen Grund könnte Gott haben, uns Zeit zu schenken? Wenn Gott uns aus Liebe Zeit schenkt, dann tut man recht, ihm dafür zu danken – immer und überall, solange man welche hat, denn er schenkt sie immer und überall. Dann aber empfängt man in ihr auch, was sie überdauert, die Liebe des Schöpfers. Gott danken heißt ja ihn wiederlieben dürfen mit der Liebe, mit der er uns liebt, so daß Gott und sein Geschöpf *eine* Liebe verbindet. So verbirgt sich die Perle Ewigkeit in der Muschel Zeit.

Ich denke, ein Lächeln kann Gott schon danken, ein freudiges Aufstrahlen im Auge; wieviel mehr noch ein Ja zu Gott für geschenkte Zeit auch in leidvoller Zeit.

Der beste Gebrauch von Zeit

Zeit kann man auf keine Weise horten oder behalten. Was ist dann wohl der beste Gebrauch, den man von ihr machen kann? Daß man genau das gleiche mit ihr macht, was Gott, der sie geschaffen hat, mit ihr macht: sie verschenken. Denn niemand kann einem doch besser sagen oder zeigen, was man am besten mit der Zeit macht, als der sie schuf.

Wem Zeit schenken? Ich denke: zuerst einmal Gott. Er freut sich bestimmt darüber, wenn man Zeit für ihn hat, für sein Antlitz in Jesus Christus, seinem geliebten Sohn, für all das, was er uns durch den Sohn zu sagen und zu zeigen hat: wenn man betet. Gott nimmt solches Verweilen gern auch als Stellvertretung für viele andere an. Denn die meisten Menschen haben ja sonderbarerweise keine Zeit für Gott, der ihnen die Zeit schenkt. Und schulden wir diesen vielen nicht, daß wir (für sie mit!) *unser* Vater im Himmel sagen? Alles Dasein ist ja ein Mitsein.

Sodann aber auch Zeit haben für den Mitmenschen und die anderen Geschöpfe, so wie Gott sie uns begegnen läßt. Der die Zeit schuf, schenkt und verantwortet auch, was in ihr geschieht; und wenn man ihm gläubig vertraut, wird man erfahren, daß er alles zum Guten wendet.

Es braucht Zeit des Innehaltens und des Stillhaltens auf dem Lebensweg, um sich Gottes Welt und Gottes Geschichte mit ihr schauend, tastend, empfindend und staunend so nahegehen, so eingehen zu lassen, wie Gott es möchte. Denn welcher Künstler wünscht sich nicht, daß man sein Bildwerk auch wirklich sieht und seine Symphonie vernimmt?

Ein Mensch, der Zeit dafür hat, Gott auch in seinen Werken zu bewundern und zu preisen, verinnerlicht und verklärt die Schöpfung in sich, ihre Spuren graben sich in sein Wesen ein, so hebt die Welt im Menschen ihr Antlitz zu Gott empor. – Damit sie nicht vergeblich auf diesen Liebesdienst wartet, hat Gott eigens ein Siebtel unseres Daseins dafür ausgespart, eigens dafür den Sabbat eingesetzt.

Einander Zeit schenken

Zeit wird allen Lebewesen gemeinsam geschenkt. Uns alle verbindet *ein* Geschenk. Und Gott will, daß diese Verbundenheit in unserem Verhalten wirklich wird. Daß uns die *eine* Liebe eint, das ist das Ziel der Zeit. Ist es erreicht, so umfängt uns die Ewigkeit.

Daß einer für den anderen seine Zeit offenhält, um sie mit ihm zu teilen, einer dem anderen liebend Zeit schenkt, wie sie ihm selbst geschenkt ist, ist zeitgerechtes Verhalten. So schenken wir einander die Perle Ewigkeit in der Muschel Zeit. In solchem Verschenken wird die Perle jedesmal leuchtender, im Verschenken der Zeit gewinnt sie der Mensch jeweils tiefer zu eigen.

Umgekehrt: verweigert man sich der Wahrheit, daß die Zeit zum Verschenken da ist und Gemeinsamkeit stiften will – dann dringt man zu ihrem Geheimnis gar nicht erst hin, sie gibt ihr Geheimnis nicht her. In den Dienst des Eigennutzes, des Selbstverbrauchs gestellt, vergeht sie nur und macht, daß der mit ihr vergeht, der sie nur für sich selbst verbraucht.

Dem reichen Kornbauern im Evangelium Lk 12 wird von Gott eine gute Ernte beschert. Was macht er jetzt, worauf verwendet er seine Zeit? Sich zu überlegen, wie er sich selbst eine größere Scheune bauen und darin Vorräte für sich horten könne; darüber vergißt er, daß er Zeit nicht horten kann. Diesem armen reichen Mann muß Gott sagen: du Narr, in dieser Nacht noch ist deine Zeit zu Ende, wird deine Seele von dir gefordert, und ich finde in deiner Seele die Perle Ewigkeit nicht. Das ist die Gefahr des Reichen, daß er über seinem Reichtum, über der sich mehrenden Sorge um sein Geld und den Genuß seiner Vorräte vergißt, daß er Zeit nicht horten kann.

Er sieht sein Leben von Raumerweiterung, von Geld, von Scheunen und Sicherheitseinrichtungen abhängig, statt von der Zeit, die Gott ihm schenkt – statt von dem schenkenden Gott.

Was den Tod überdauert

Nun sind wir leibhaftigen Menschen gewiß auch auf Räume und Dinge angewiesen, damit wir Zeit gut verbringen, sie einander zuspielen und miteinander austauschen. Ohne Räume, die wir erstellen, und Dinge, die wir herstellen, würden wir, jeder einzelne, in der Sorge für ein Dach über dem Kopf und eine Decke über den Leib und Brot für den Magen bald keine Zeit haben, um sie der eine dem anderen liebend zu schenken. – Aber die Räume mit ihren Betten und Stühlen und Mundvorräten dürfen nicht Selbstzweck werden, dürfen unsere Zeit nicht verschlucken, als ginge es um die Räume, nicht um die Zeit. Räume sind sämtlich nicht feuerfest, und in jedem Nest, in dem wir uns einnisten, nistet mit uns der die Zeit beendende Tod. Nicht im Raum, sondern in der Zeit, im Verschenken der Zeit verbirgt sich, was den Tod überdauert. Was in der Zeit geschieht, ist ewigkeitshaltig, nicht Raum, der die Zeit nur umschließt wie eine Kapsel den Kern.

Auch ein Konzertsaal ist ja nicht für sich selbst da, sondern für die Musik, die darin erklingt; und die Instrumente in diesem Saal haben für sich selbst keinen Wert, sondern sie warten auf die Musiker, die sie spielen. So hat alles Erstellen von Räumen und alles Herstellen von Dingen in der Zeit den Sinn und das Ziel, daß sich mitten in der Zeit ein „Bau aus Gott" erhebe, „ein nicht mit Händen gemachtes Haus, ewig in den Himmeln" (1 Kor 5, 1).

Diese himmlische Architektur entsteht dadurch, daß wir „Gottes Melodie in uns aufnehmend einer für den anderen da sind in zusammenklingender Liebe" – so sagt es der Märtyrer Ignatius in seinem Brief an die Epheser (IV, 1). Liebevoll hinhörend auf den anderen bringt da einer die je eigene Stimme ins Spiel. Wobei der einzelne immer aber auch zeitweilig einsam sein muß, um Gottes Melodie lauschend und still so in sich aufzunehmen, daß er ihre ganz eigene Stimme wird, wie ja auch jeder Musiker sich auf seinem eigenen Instrument und auf seinen Part im Orchester erst einspielen muß, um zur Schönheit des Ganzen beizutragen. Abgeschlossenheit ist zeitweilig notwendig als Vorstufe von Aufgeschlossenheit. Mit einem anderen Bild: die geschlossene Knospe ist Vorstufe vor der Blüte.

Zeit – du-gerichtet

Zeit ist von Ursprung und Wesen her *du*-gerichtet, ist letzlich nicht da für ein Ding, eine Maschine oder ein anderes Objekt. So erlebt sie das Kind, dem die Daseinsordnung noch nicht verstellt ist, so erleben sie Liebende. Ihre Zeit ist bestimmt vom Erwarten, Kommen, Dasein, Fortgehen, Ausbleiben, Wiedereintreffen eines *Du*.

Das Evangelium sagt uns: das ist die Weise, wie Gott Zeit gemeint hat, und warum er uns Zeit schenkt. „Ihr sollt Knechten gleichen, die mit gegürteten Lenden und brennenden Lampen auf ihren Herrn warten, der von der Hochzeit zurückkommt..." (Lk 12, 35). – „Das Himmelreich ist zehn Jungfrauen gleich, die ihre Lampen entgegennahmen und auszogen dem Bräutigam entgegen..." (Mt 25, 1ff). – „Der Siegeskranz der Gerechtigkeit ist denen hinterlegt, die seine Wiederkunft liebend herbeisehnen" (2 Tim 4, 8).

Am Ende wird das ewige Leben ein Siegeskranz sein. Warum? Weil Zeit den in der Zeit zu bestehenden Kampf gegen die ins Nur-Endliche und Verwesende hinein verführenden Mächte des Bösen enthält und den Sieg im Glauben an den für uns gekreuzigten und auferstandenen Gottessohn, dem wir unser ewiges Leben verdanken, da er uns seine ganze Zeit schenkte.

2.

Geheimnis der Beziehung

Der wahre Reichtum des Menschen

In einem Viehstall wird Jesus geboren, „denn in der Herberge war kein Platz für sie" (Lk 2,7). Seine Eltern hatten in Betlehem keine Beziehungen. So beginnt Jesus sein Leben in der Welt als Armer unter Armen.

In Nazaret wächst er heran unter einfachen Leuten, die sich nicht wie die Reichen ihre Beziehungen aussuchen und auf Grund von Geld und Macht distanzieren können von Menschen, die ihnen nicht genehm sind, die es vielmehr, schon um den Lebenskampf zu bestehen, aushalten müssen mit ihrer Sippe und mit ihren Arbeitskollegen. Die soziale wie die moralische Misere bei sich und anderen bekommen sie auch ganz anders zu spüren als die Bessergestellten.

Im Dienst seiner Sendung hat Jesus von Anfang an verdeutlichen wollen, worin der wahre

Reichtum des Menschen besteht: nicht in den vielen Beziehungen, in denen die Reichen dieser Welt ihr Leben suchen, sondern *in der Beziehung zum Vater.* Sein erstes Wort im Lukasevangelium ist der Ausruf des Zwölfjährigen: „Muß ich nicht sein in dem, was meines Vaters ist?"

In seinem öffentlichen Leben „hat der Menschensohn nicht, wohin er sein Haupt lege" (Lk 9,58); aber die ihm folgen, schult er in der Erfahrung, daß die Beziehung zum Vater im Himmel eine Geborgenheit, eine Freiheit, eine Freude schenkt, die kein noch so feingesponnenes Beziehungsnetz, wie Macht und Geld es knüpfen, gewährt. Diese Beziehung zum Vater, die ihn zugleich zum menschlichsten aller Menschen macht, bildet das Geheimnis der einzigartigen Anziehung, die von Jesu Wesen für alle Menschen, die Heil und Befreiung suchen, ausging und -geht; sie gab seinem Ruf in die Nachfolge offenbar auch die geradezu göttliche Mächtigkeit.

„Da verließen sie alles und folgten ihm nach", heißt es am Schluß der ersten Berufungsgeschichte im Lukasevangelium von Petrus und seinen Gefährten. Der Zug zu Jesus, die Beziehung zu ihm, überbietet für diese Männer in einem Maße ihr gesamtes Bisher und was immer es darin an Beziehungen gab, daß sie dieses in einem einzigartigen Entschluß, im Vertrauen auf den rufenden Jesus, hinter sich lassen.

Verstrickendes Netz

Das Gegenbild des Petrus ist der reiche Jüngling. Auch für diesen jungen Reichen kam die Stunde der Berufung und Entscheidung. Er fragt nach dem ewigen Leben. Jesus bietet es ihm augenblicklich an, indem er ihn liebend anschaut und ihn einlädt, fortan bei ihm zu bleiben, mit ihm zu gehen und sein Leben zu teilen. Aber dann muß er drangeben, was bis dahin sein Leben ausmachte, muß seinen Besitz verkaufen und den Armen geben, um in der Gemeinschaft mit Jesus seinen ganzen Reichtum zu finden. Vor diesem Blick Jesu, vor diesem Augenblick Gottes, versagt der Reiche. Er hatte gemeint, es ginge doch irgendwie nacheinander, erst noch sein Leben, dann das ewige Leben. Er hält Jesu Blick nicht aus, dieses Licht überfordert ihn. Unwillkürlich schaut er zurück. Die vielen Beziehungen, die bis dahin sein Leben füllten, auch wenn sie es nicht *er*füllten, all die Erwartungen und Verpflichtungen, die ihn binden – sie verstricken ihn jetzt wie in einem Netz, das nach unten zieht, weg vom Licht, weg von Jesu Blick und Augenblick. All diese Beziehungen aufgeben – um der Beziehung zu Jesus willen? Hinter dem armen Mann Jesus herlaufen? Mit einem Mal kommt ihm vor, als verlöre er den Boden unter den Füßen, als verlöre er das Leben, statt es zu gewinnen. Ewiges Leben wird ihm unwirklich, da es sich ihm offenbar im Leben mit Jesus erschließen soll. Gesenkten Blickes geht er weg, denn er hat viele Güter, viele Beziehungen. Seine innere Verdunklung jetzt – ist sie nicht die eines Todgeweihten? Werden ihn seine Beziehungen durch den Tod hindurchtragen, wenn sie ihm am Ende doch wichtiger waren als die Beziehung zu Jesus?

„Das Netz ist zerrissen..." (Ps 124,7)

Sofern unsere Beziehung zu Jesus unser Leben durchdringt, verbirgt sich in ihr unsere Teilnahme an Jesu Beziehung zu Gott seinem Vater, verbirgt sich mit anderen Worten Heiliger Geist.

Der Sohn Gottes ist Mensch geworden und in die Welt gekommen, um seine Beziehung zum Vater auf uns, seine Menschenbrüder, auszudehnen, um auch uns den Heiligen Geist zu schenken. Ohne diese Beziehung sind wir in ein Netz von Diesseitigkeit Verstrickte.

Jesus ist als zu Gott ziehendes Licht in unsere Finsternis gekommen. Daß es uns Menschen zu ihm hinzieht, beruht wohl darauf, daß der Bezug zu Gott, unserem Ursprung, bei uns nicht völlig abhanden gekommen ist. Aber dieser Zug zu Jesus und durch ihn zu Gott kann ein vorübergehendes Geschehen in unserem Leben sein, ohne entscheidende Konsequenzen. Die Verstrickung in eine Welt hinein, die alles andere als paradiesisch lebt und an die sich unser Wesen und Denken angepaßt hat, erweist sich als zu mächtig. Wir möchten uns zwar auf dieses faszinierende Licht auch weiterhin zubewegen, erfahren uns aber wie Gefesselte, sobald es gilt, Vieles oder Bestimmtes um dieses Einen willen ganz zu lassen. Wenn dennoch diese Wende in unserem Leben geschieht, wenn das uns verstrickende Garn tatsächlich doch zerreißt, und wenn wir diesem Licht Jesus in einem Vorgang, den die Bibel Wiedergeburt nennt, unser Herz schenken und diese Entscheidung für ihn im Taufgelübde für immer besiegeln, dann verdanken wir das seiner Kreuzigung. Als Gekreuzigter hat er unsere Schuld übernommen, sie zu der seinen gemacht, ist er „für uns zur Sünde“ geworden (2 Kor 5, 21); eben so hat er uns Gottabgewandten die Wende ermöglicht, uns ins Diesseits Gebannte, uns dem Tod und der Vergänglichkeit Verfallenen die Bekehrung zu unserem Ursprung, zu Gott, zum Leben, zum Licht grundsätzlich und grundlegend erwirkt.

„Wenn ich erhöht bin, werde ich alles an mich ziehen" (Joh 12, 32). Sein sich für uns auf Golgota verströmendes Leben und die Mitteilung seines sündenvergebenden, bekehrenden Geistes in alle hinein, die an ihn glauben, sind in sich *ein* Geschehen. Wenn er als der Auferstandene in Wort und Sakrament sich als den am Kreuz für uns Geopferten und nun in Gott hinein Verklärten uns Sündern schenkt, holt er uns hinein in seine Beziehung zum Vater, beschenkt er uns mit seinem eigenen Geist, dem Sohnesgeist, bezieht er uns ein in das Leben des dreieinigen Gottes.

Lazarus – die rettende Beziehung

Wer Jesus nachfolgen will, den muß es unbedingt bewegen, daß Er sich in seinem Leben und Sterben vor allem mit den Menschen solidarisiert, die keine Beziehungen haben: daß er an erster Stelle für die Menschen da ist, die als Opfer der Lieblosigkeit anderer allein gelassen werden.

Beim Weltgericht wird Jesus sagen: „Ich war hungrig, durstig, krank, fremd, obdachlos, gefangen" – da ist von lauter Zuständen der Bezie-

hungslosigkeit die Rede, von immer anderen
Formen des Alleingelassenwerdens. Jesus selber
hat sie durchlitten und sich für immer, solange
diese Weltzeit währt, in sie hineingegeben. Vor
der Tür des Reichen ist er der Lazarus geworden,
den am Ende die Engel Gottes in Abrahams
Schoß tragen – Lazarus ist Christus. Daß Lazarus
vor die Tür des Reichen gelegt wird, ist nicht nur
für diesen Armen, sondern auch für den Reichen
die Chance der rettenden Beziehung – für jeden
Reichen auch der heutigen Welt. Freilich: der
Reiche im Gleichnis hat keine Lust, um dieser
Beziehung willen seine gewinnbringenden Beziehungen auch nur zu unterbrechen und es sich
weniger gut schmecken zu lassen. So läßt er den
Armen vor seiner Tür sterben. Daß er die Beziehung zu Lazarus nicht will, bedeutet, daß er seinem Retter nicht die Tür öffnet: so endet er selbst
in der Gottferne, im Alleinsein. Wird er im Tode
diesem Lazarus noch einmal begegnen, Ihm, der
am Kreuz seine Verlassenheit teilt mit dem Auf-
schrei: „Mein Gott, mein Gott, warum hast du
mich verlassen?" Und wird *diese* Gefährtenschaft auch ihn noch retten? Das ist eine Frage,
die viele Menschen umtreibt.

Werden nur die Opfer der Lieblosigkeit und der
ungerechten Gewalt oder am Ende auch die Lieb-
losen und Gewalttätigen durch eine letzte Be-

kehrung hindurch gerettet? Könnte es nicht sein, daß die Opfer der Lieblosigkeit selber einmal Lieblose waren oder es wieder werden, wenn ihnen nur erst geholfen wurde?

Jesus – Gefährte der Alleingelassenen

„Es ist nicht gut, daß der Mensch allein sei", so sagt Gott im Schöpfungsbericht (Gen 2, 18), er, der doch alles zum Guten hin schuf und der sah, daß alles von ihm Geschaffene gut war. „Nicht gut" – das wäre Gottes Gegensatz; und in der Tat: in diesem Gotteswort verbirgt sich schon so etwas wie eine Beschreibung von möglicher Hölle. Hölle, das wäre Isolierung auf Dauer, vielleicht in der Massierung, wie beim Staub; der erste Psalm sagt: „Die Gottlosen werden sein wie der Staub, den der Wind vom Angesicht der Erde verweht."

Wenn nun die Sünde in die Welt kam, die den anderen allein läßt und von der sich keiner ganz freisprechen kann, bedeutet dann dieses göttliche „Nicht gut", daß es tatsächlich mit der ganzen Menschheit *nicht gut,* also höllisch ausgeht?

Gottes Antwort auf diese Frage: Er selbst wird Mensch in Jesus Christus; er selbst wollte der

Gefährte aller Alleingelassenen und vom Alleingelassensein Bedrohten werden und so ihrem Schicksal eine unfaßliche Wende geben. Darum stirbt er am Ende auch wie ein von allen Verfluchter, ausgeschlossen von jeder Beziehung zu seinem Volk, von jedem Menschenrecht oder Bürgerrecht überhaupt. Seine Sendung fordert diese letzte Leidenskonsequenz. Ja, im Sterben nimmt er es auf sich, daß sich ihm am Ende auch die Beziehung zum Vater entzieht. „Mein Gott, mein Gott, warum hast du mich verlassen?" ruft der Gottessohn, der Gott nicht mehr erfährt. Er will auch das Schicksal derer noch teilen, die gottabgewandt sterben – (vielleicht weil ihnen in dieser Welt nie das wirkliche Glaubenslicht leuchtete) – , um ihren drohenden Untergang durch seine größere Liebe zu unterfangen, ihr Geschick noch im Tode zu wenden, durch seine Gefährtenschaft auch ihrem Sterben noch die Chance der Beziehung zu Gott zu geben. Wenn einer die Beziehung zu Jesus aufnimmt, sei es auch erst im äußersten Absturz, in fürchterlichster Not, so ist das die Teilnahme an Jesu Beziehung zu Gott, seinem Vater, und damit die Rettung.

Beziehungsnetz Liebe: Gemeinde

Wer Jünger wird, Christ, ist berufen, in die Sendung Jesu miteinzutreten. Zu Petrus sagt Jesus: „Von nun an sollst du Menschenfischer sein." Wie ein Angler den Fisch ans Land holt, so soll er mit seiner Jüngerexistenz, mit seiner Verkündigung, seinem Leben und Sterben dem Zug zu Jesus dienen, Menschen in das Reich Gottes hineinziehen helfen. Dieser Ruf ergeht zugleich an seine Gefährten, an eine ganze Fischergilde – vorher geschah der reiche Fischfang, die Netze der Gefährten zerrissen fast von der Überlast; darum enthält das Bildwort „Menschenfischer" auch das Bild vom „Netz" als ein Vorausbild der kommenden Kirche: sie soll ein Beziehungsnetz Liebe sein; wir Christen haben alle daran mitzuknüpfen und es auszuwerfen. Indem wir unsere gemeinsame Beziehung zum Vater, die uns durch und in Christus geschenkt ist, als gegenseitige Liebe leben, bilden wir ein Beziehungsnetz, das als solches schon rettende Bedeutung hat für viele.

„Seht, wie sie einander lieben!" so sagte man nach Tertullian von den ersten Christen. Ihnen, der Urgemeinde, „fügte der Herr täglich Menschen hinzu, die sich retten ließen" (Apg 2,47). Liebe braucht nur aufzustrahlen, wirklich zu werden, offen zu werden für alle, die sie brauchen, dann beginnt ihre zu Gott hin ziehende, einbeziehende Wirkung für alle Wesen.

Das Beziehungsnetz Liebe, das in Jesu Sicht seine Gemeinde ist, bildet die Gegenwirklichkeit zum Netz des Bösen; dieses ist Verstrickung in Schuld und Untergang, jenes ist Befreiung, Vergebung und Aufgang.

In einer rein diesseitig denkenden Welt geht es wie beim natürlichen Fischfang; man fängt, verzehrt, verkauft, man lebt davon, daß anderes stirbt. Man zieht anderes zu sich und zugleich mit sich hinein in den Tod.

In der Welt Jesu geht es umgekehrt: man zieht seine Mitwesen aus dem Bereich des Todes in den des Lebens hinüber, wo einer dem anderen selbstlos hilft, ganz er selbst, ganz lebendig zu werden, so daß Einheit der Liebe in einem unendlichen Reichtum an vielgestaltiger Lebensfülle entsteht.

„Siehe, wir haben alles verlassen und sind dir nachgefolgt", sagt Petrus zu Jesus. Jesus erwidert ihm: „Es gibt niemand, der es nicht hundertfach wiederempfängt in dieser Zeit – mitten unter Verfolgungen – und in der kommenden Welt das ewige Leben" (Lk 18; Mk 10). Lebendige Kirche ist ein neuer, unabsehbarer Beziehungsreichtum aus einem neuen Wesensansatz.

26

Etwas von dieser Wirklichkeit kam für Sehende zum glanzvollen Durchschein beim Besuch des Nachfolgers Petri in unserem Land und Volk. Aber es wäre verhängnisvoll, wenn uns über diesem Glanz Worte und Wirklichkeiten wie diese: „...warum hast du mich verlassen?" aus dem Blick kämen, statt neu in unserer Blickmitte zu stehen. Wo *solche* Verlassenheitsworte heute wahr sind, da wartet Er auf uns als Zeugen des Mysteriums, der rettenden „Beziehung" zu ihm, zu Gott und zu den Menschenbrüdern.

3.

Geistliche Erfahrung

Erfahrung Gottes in Welt

Geistliche Erfahrung: Wann und wo geschieht sie? Wann in unserem Leben beginnt sie? Ich denke: schon bald nach der Geburt – sobald wir die uns begegnende Welt schauend, lauschend, erkennend, empfindend wahrnehmen, sie uns je nach unseren Gaben und den für uns bestehenden Notwendigkeiten gestaltend, erleidend und überwindend so angehen lassen, wie es unserem Alter und unserer Verantwortung entspricht.

Die *fundamentale* geistliche Erfahrung gewinnt der Mensch in der Lebensfrühe, sofern er in ihr Liebe erfährt und wiederlieben lernt, also in eine Welt der Liebe hineinwächst.

Anders als das Tier hat der Mensch die spezifische Möglichkeit und Aufgabe, die Welt in sich zu verinnerlichen, d.h. in Welterfahrung zugleich Gottes inne zu werden, sich von dem in allem Geschehenden und Geschaffenen wirksamen Finger des Schöpfers prägen und bilden zu lassen.

Im Hebräischen gibt es für Geschehen und Wort nur eine Vokabel: dabar. Alles Geschehene ist ein Wort Gottes, es enthält auf eine gewisse Weise ihn selbst, „in dem wir leben, uns bewegen und sind" (Apg 17,28). Im Glauben besitzt der Mensch die „Wellenlänge" für dieses „Wort". Gott ist reines Sichschenken. Wer im Geschaffenen die Schenkung wahrnimmt, wird des Schenkenden inne. Auf Schenkung antwortet Dank. Dank ist die je tiefere Offenheit für Geschenk. Wer für alles dankt, wird durch alles von Gott geformt und zu Gott hin bewegt, für den ist alles nicht nur weltliche, sondern auch geistliche Erfahrung. Zu dieser Erfahrung gehört, daß unser äußerer Mensch stirbt, in und mit der Jetztwelt, aber auch *an* ihr, seit und insoweit sie eine sündige Welt ist, daß er „aufgerieben" wird (so 2 Kor 4,16) – „der innere Mensch aber erneuert sich von Tag zu Tag", auf Grund seines Glaubens, daß Gott verantwortet und zum Guten wendet, was immer seinem Geschöpf begegnet.

Das Werden des noch nicht von Gott abgekehrten oder des zu ihm bekehrten Menschen steht also unter dem Gesetz einer ständig neuen Erfahrung Gottes in der Welt, d.h. einer ständigen Neuwerdung durch den Schöpfer Geist, der sich zu unserer Prägung und Bildung der geschaffenen Welt bedient. Der Geist hat besondere Chancen bei dem, der glaubt – auch wenn Glaube nur einschlußweise Glaube ist (einer also Christus selbst nicht „kennt", aber dennoch wie aus Bergpredigtweisungen lebt): In Unverstelltheit für Gott schenkt sich Gottes Geist hinein. Wie ein immer neuer Sonnenaufgang, so gestaltet *Er* uns um bis zu der uns vorbestimmten Gottebenbildlichkeit, „von Klarheit zu Klarheit" (2 Kor 3, 18), ähnlich wie der Stern Erde von der Sonne her existiert und durch sie Fruchtbarkeit und Gestalt gewinnt.

Verinnerlichung von Welt

Geistliche Erfahrung ist nicht etwas Weltloses oder etwas neben Welt her, sondern ein Prozeß der Verinnerlichung von Welt. Das zu begreifen ist für den Christen heute eminent wichtig geworden; denn wir leben in einer Welt, die ständig dabei ist, alles in ihr Geschehene so bald und so effektiv wie nur möglich zu veräußern. Bezeichnenderweise gibt es bereits als legitime Angelegenheit das „Showgeschäft": Damit sind nicht Auslagen in einem Laden gemeint, sondern daß

30

einer sich selbst in jeder Weise psychisch und physisch ohne Scheu und Scham zur Schau stellt, veräußert, um daraus Kapital für sich und das Aufbringen von anderen Äußerlichkeiten zu schlagen. Auch Christen gewöhnen sich in einer solchen Welt unwillkürlich daran, jede Betroffenheit etwa von einem Wort der Wahrheit, einer erschütternden Nachricht, einer herrlichen Landschaft, einer menschlichen Begegnung alsbald in irgendeine Äußerung umzusetzen, eine rasche Mitteilung an andere, ein Diapositiv, ein Album, eine Rede oder einen sonstigen Effekt. Man meint vielleicht, es gehe einem doch nur um eine menschlichere und erfreulichere Welt, wenn man Kommunikation auf *jede Weise*, nur mit neuen Medien der Äußerung steigert. Aber menschlicher und erfreulicher wird die Welt nicht mit all dem, was man ihr vorzeigt, in sie Neues hineinträgt und an sie hinredet. Menschlicher wird sie durch Menschen, die menschlicher sind, weil sie noch oder wieder „innerlich" und damit eigentlicher Mensch sind. Durch ihr brüderliches Dasein und Sosein helfen sie ihrer Umwelt, nicht zu vergessen oder neu zu ahnen, daß es jenseits der entsetzlichen Verödungslandschaft, als die man eine reine Konsum- und Leistungsgesellschaft letzten Endes und spätestens auf der Krebsstation erfährt, eine Erfahrung gibt, mit der und auf die hin zu leben es sich dennoch lohnt.

Das erstwichtige Apostolat des Christen ist er selbst, seine Existenz. wie und wer er *ist*, nicht was er mit all seinen Aktionen darstellt, vorstellt, hinstellt. – Was nützen einem Erfolge über Erfolge solcherart, mögen sie auch sozial oder karitativ gemeint sein, wenn man am Ende selbst leer und ausgehöhlt ist. Wessen eigener Innenraum für Gott verfiel, der kann der Welt ringsum nicht helfen, daß Gott in ihr Raum gewinne. Im Markusevangelium gibt es die Schweigegebote Jesu, unter Drohung denen gegeben, die er heilt. Der Geheilte darf keine Sensation aus der Sache machen, weder aus dem wunderbaren Geschehen, noch aus sich selbst, noch aus Jesus; anders erlangt er nur äußere Heilung, nicht das Heil. – Sein innerer Mensch muß erst erreicht werden von Jesu Heilstat, mehr noch von Jesu Antlitz und Wesen. Es muß ihm aufgehen und eingehen, wer und wie Jesus ist, nicht nur, was er vermag: erst dann hat Gott ihn berührt, das neue Leben dringt in ihn ein, die eigentliche Erlösung geschieht.

Dazu aber muß er still werden, sich im schweigenden Bedenken durch das Geschehene drängen lassen, in sich zu gehen, dorthin, wo Gott auf ihn wartet, in jenen innersten Bereich hinein, an dessen Tür Jesus klopfte, als er ihn heilte. Dieses Klopfen hört der Geheilte nicht, wenn er gleich Lärm macht und alles wieder nach draußen bringt. Die vorzeitige Äußerung und Veräußerung kann bedeuten, daß alles für ihn vergeblich geschah.

(In ihrer stereotypen Wiederkehr haben die Schweigegebote Jesu bei Markus dann auch einen umfassenderen, das ganze Evangelium betreffenden Sinn: erst nach der Auferstehung Jesu, erst im Mitdurchgang durch seine Passion und vom vollerlangten Heil her, erst im Heiligen Geist, ist eine gemäße, legitime Aussage über Jesu Tun und Lehren möglich – und dann ist sie auch gefordert. Vorher nicht!)

Wenn ein Armer einem Armen hilft

Den „Stillen im Lande", den Armen der Bibel – es gibt sie heute wie damals – ist der Drang nach Veräußerung fremd. Dafür halten sie viel zu wenig von sich selbst. Ohne Gedanken an Effekt und ungeschützt vor der Umwelt durch Mittel, wie sie der Reiche hat, lassen sie das ihnen Begegnende, die Natur, die Menschen, den Freund, den Hasser, die Einsamkeit, die Krankheit, den Tod, Freud und Leid zu sich hindringen, in ihr

Innerstes hinein. (Typus der Armen in dieser
Hinsicht ist das Kind in der Lebensfrühe. Weil
es nichts zweckhaft aufnimmt, darum erfaßt es
alles noch mit dem ganzen Sein.) – Arme im
Sinne der Bibel sind darum auch etwa einer tieferen Freundschaft fähig, eines ganzen Einsatzes
für den, der sie braucht, und vor allem einer großen Treue. Sie sind ein Licht der Welt; denn sie
sind viel mehr, als sie sagen; sie haben viel mehr
in sich und wissen hundertmal mehr, als sie äußern können. Bei Menschen ohne Innerlichkeit
ist es umgekehrt: sie äußern hundertmal mehr,
als sie selber in sich haben und mit dem Herzen
wissen. – Innerliche Menschen sind ohne viel
Reden brüderlich, weil sie sich den anderen
wirklich angehen lassen; sie *teilen* viel eher die
Armut des Armen, als daß sie ihr von außen bei-
kommen; sie durchleiden ihr Leid, sie beladen
sich mit ihren Krankheiten, ihren Gebrechlich-
keiten, ihren Sünden. Ihre Gefährtenschaft aber
hilft mit, die Lage eines anderen von innen her
zu verwandeln – auf eine Hoffnung hin, die der
Brüderliche in seinem *Dasein* schon ist.

„Wenn ein Armer einem Armen hilft, kommt
alles ins Lot" – Wort einer Wäscherin in Recife.

Eine letzte Konsequenz dieser wahrhaft geist-
lichen Erfahrung war – in seiner Existenz – Ma-
ximilian Kolbe. Wer auf eine Weise arm ist, wie

er es war – bis ins Herz hinein arm –, übernimmt stellvertretend auch noch das Armsein des anderen. Das ist dann der vollendete Gegensatz von Äußerlichkeit und Veräußerung: Innerlichkeit als Kraft zur Selbstentäußerung.

4.

Stärker als Not, Krankheit und Tod

Drei Heilungsgeschichten

Wir erinnern uns an einige Heilungsvorgänge aus dem Neuen Testament und suchen den gemeinsamen Nenner in diesen Geschichten zu erkennen – das gegenüber sonstigen Heilungsgeschichten spezifisch andere, das man später das Christliche nennen wird.

Die erste ausführliche Geschichte dieser Art ist die vom Aussätzigen (Mt 8, 1 ff.). Jesus kommt, von großen Scharen begleitet, den Berg der acht Seligkeiten herab. Da bricht sich ein Aussätziger Bahn durch die Volksmenge und fällt vor ihm nieder mit den Worten „Herr, wenn du willst, kannst du mich rein machen." Wahrscheinlich sagt er das in keuchender Hast. Das Gesetz verbot ihm, sich unter die Leute zu wagen, er hatte sich auf Steinwurfweite von Menschenansammlungen fern zu halten; näherte er sich bewohnten

Plätzen, mußte er eine Klapper gebrauchen und dabei rufen: „Unrein, unrein!" Tat er das nicht, durfte man ihn steinigen. – Der Mann setzt also alles auf *eine* Karte. Und die heißt für ihn Jesus.

Jesus gibt diesem Durchbruch durch den Gesetzeszaun recht, geschieht er doch in einer totalen Anheimgabe an ihn, den Heiler. „Wenn du es willst, mich reinigen, *kannst* du's. Ich überlasse es dir, ob du es willst."

Die Antwort Jesu: „Ich will, sei rein!" Er übernimmt die Worte des Kranken. Die Erhörung entspricht präzis der Erwartung. In ähnlich genauer Entsprechung reagieren Menschen der Bibel sonst nur auf einen Befehl Gottes. Aber Jesus geht weiter: Er streckt die Hand aus und berührt den Unreinen; nach dem Gesetzesbuchstaben war er jetzt selber unrein. Ohne ein Attest, wie es der Aussätzige brauchte, durfte auch er jetzt nicht mehr am Tempelkult teilnehmen.

Wenn der Mann mit dem Vertrauen gekommen war, daß Jesus Heilmacht hatte, die andere nicht hatten – diese Geste Jesu, so möchte man denken, erreichte nicht nur seine Haut, sondern sein Herz, ihn hatte ja gewiß seit Jahren kein Gesunder mehr berührt.

Das Markusevangelium sagt, daß Jesus dem Geheilten unter Drohung verordnet habe, von dem Geschehen zu schweigen. Er soll keine Sen-

sation aus der Sache machen, weder aus dem
wunderbaren Geschehen noch aus sich selbst,
noch aus Jesus; anders erlangt er nur äußere Heilung, nicht das Heil. – Zu seinem inneren Menschen muß erst hindringen, wie gut Jesus zu ihm
war. Es muß ihm aufgehen und eingehen, wer
und wie Jesus ist, nicht nur, was er kann: erst
dann hat Gott ihn berührt, das neue Leben dringt
in ihn ein, die eigentliche Befreiung geschieht.

Die zweite Geschichte: Der Hauptmann von
Kafarnaum. Er kommt zu Jesus mit der Eröff-
nung: „Herr, mein Bursche liegt zu Hause an
Gicht danieder und hat schreckliche Schmerzen." Darauf Jesus: „Ich will kommen und ihn
gesund machen."

Was will er tun? In das Haus eines Heiden gehen. Das war dem Gesetzesbuchstaben nach und
in den Augen der maßgebenden Kreise damals
schlimmer noch als einen Aussätzigen berühren.
Die Apostelgeschichte erzählt, daß es für Petrus
später eine eigene Vision brauchte (die mit dem
herabgelassenen Leintuch), damit er sich bereit
fand, in das Haus des heidnischen Hauptmanns
Cornelius zu gehen.

Was der Hauptmann von Kafarnaum erhoffen
konnte, war, daß Jesus sagte: „Bring ihn mir heraus!" Auch viele Juden brachten ihre Kranken

auf die Straße, damit Jesus sie heile. Statt dessen:
„Ich will *kommen* und ihn gesund machen." Die
gleiche vorbehaltlose Menschlichkeit, die Un-
befangenheit eines Kindes, wie beim Aussätzigen.

Der Hauptmann, unter Juden lebend, weiß,
welche Schwierigkeiten Jesus bekommen würde,
wenn er wirklich sein Haus beträte. Nein, das
darf nicht sein! Zugleich aber erreicht es ihn,
vielleicht in einem staunenden Ahnen, daß dieser in souveräner Freiheit angstlos und *grenzen-
los* ihm Zugewandte auch die *grenzenlose* Vollmacht hat ... Es ist ja wunderbar, daß er das will:
zu *ihm* ins Haus kommen. Das tat noch kein
Jude, erst recht kein Rabbi. Aber er soll sich doch
um Gottes willen keine Scherereien machen, er
braucht das doch gar nicht. „Ich bin doch nicht
würdig, daß du eingehst unter mein Dach, sprich
nur ein Wort, so wird mein Knecht ja gesund."
Die objektive Unwürdigkeit eines Heiden in den
Augen der Juden bringt der Hauptmann da zur
Sprache, nicht subjektive Sündigkeit; sonst hätte
er Jesus gewiß genau so freudig unter sein Dach
kommen lassen wie ein Zachäus.

Ähnlich wie die Berührung des Aussätzigen, so
enthält die Bereitschaft Jesu, in das Haus des
Heiden zu gehen, ihn selbst, sein Wesen, sein
vorbehaltloses und überbordendes Ja zum Men-

schen, der seinen Heilsdienst braucht – er kennt
keine Outsider; den Hauptmann aber erreicht
dieses Unerhörte an liebender Zuwendung auf
der Stelle: sein Vertrauen wird darüber entsprechend groß. Die *Beziehung* ist hergestellt, an
der alles liegt, die Beziehung, die Glaube heißt,
Glaube an Jesus als den Offenbarer des wirklichen Gottes, seines und unseres Vaters; eben in
diesen Glauben hinein schenkt sich das Heil.

Eine dritte Geschichte: Die Befreiung des Zachäus (Lk 19). Dieser Zöllner braucht nicht Lö-
sung von körperlichen Fesseln wie ein Aussätziger oder Gichtbrüchiger. Bei ihm geht es um die
Befreiung von einer Verstrickung, die noch ver-
hängnisvoller ist – *und* die auch ihn zum Outsider in seinem Volke macht. Wenn er das nicht
länger sein will, muß er sich lösen von seinen
Reichtumsfesseln und seinem Job; aber er schafft
das nicht, so wenig wie ein Drogenabhängiger
heute seine Abhängigkeit vom Stoff. Was ihn
jetzt treibt, um jeden Preis Jesus zu sehen – „wer
er ist", so sagt das Evangelium ausdrücklich, um
darauf hinzuweisen, daß es keine bloße Neugier
war, die ihn wie einen kleinen Jungen auf einen
Baum klettern ließ – , mag so etwas wie die
Wahrnehmung einer letzten Chance gewesen
sein, wie wenn etwa ein Heroinsüchtiger viel-

leicht noch um *einen* Menschen weiß, der seine
Rettung sein könnte.

Es konnte ihm ja nicht unbekannt geblieben
sein, daß Jesus einen seiner Berufskollegen, den
Levi, später Mattäus geheißen, vom Zoll weg in
seine Nachfolge berufen hatte.

Zu diesem Zachäus nun nimmt Jesus eine Beziehung auf, die nicht radikaler, nicht vorbehalt-
loser sein kann: Er lädt sich vor aller Ohren und
Augen bei ihm zu Tisch, läßt eine große Volksmenge sich die Füße vertreten und hält eine voll-
kommen andere als die von den Leuten erhoffte
Reich-Gottes-Predigt, eine, der man die Über-
schrift des Wortes einer französischen Heiligen
geben könnte: „Une âme vaut mieux que tout le
monde" – „Eine Seele ist mehr wert als die ganze
Welt." Hinter dieser Provokation der Menge in
Jericho erhebt sich bereits der Schatten des Kreu-
zes. Die Stimmung und Meinung der Leute wird
ins Gegenteil umschlagen. Lukas sagt: „Alle
murrten." Die Antwort des Zachäus: „Herr, die
Hälfte meines Vermögens geb' ich den Armen,
und wenn ich jemand betrogen habe, so erstatte
ich es vierfach." Das ist kein Selbstruhm, sondern das staunende, stammelnde Geständnis eines Überwältigten – in der Sprache der Zahlen,
er hat noch keine andere.

Wie Jesus den Aussatz des Aussätzigen über-

nahm, als er ihn berührte, so die Verachtung des
verachteten Zöllners, indem er sich bei ihm zu
Tisch lud. Um dieses einen willen gibt er Anse-
hen und Erfolg bei vielen Hunderten preis – und
schenkt eben so das Heil.

Über die Heilung hinaus – das Heil

Was ist das Gemeinsame dieser drei Geschichten? Das Geheimnis der *Beziehung:* der Ganzhinwendung Jesu zu einem Menschen, von der
dieser sich ergreifen läßt und die er erwidert. Sie
erst ist über die Heilung hinaus das Heil.

Man braucht sich nur vorzustellen, was geschehen wäre, wenn Jesus den Aussätzigen nicht
berührt, wenn er sich vom heidnischen Hauptmann in Distanz gehalten hätte, wenn er bei Zachäus nicht eingekehrt wäre: im *Innern* dieser
Menschen hätte sich nichts Wesentliches verän-
dert, ihr Lebensganzes wäre im Bereich der
Verfallenheit an Sünde und Tod verblieben. Die
Isolierschicht, die sie in Distanz hielt vom Bun-
desvolk und vom Bund, wäre nicht durchbrochen
worden, Worte wie Glaube und Heiliger Geist
wären für sie fremde Vokabeln geblieben. Jesus
verdeutlicht, stiftet, begründet im Leben solcher
Menschen eine *Beziehung,* der er beim Letzten

Abendmahl den Namen Neuer Bund geben wird. Worin besteht dieser, worin hat er seine Wirklichkeit? Darin, daß Gott uns als Sünder nicht abschreibt, sondern das Gesetz seiner Liebe in unser Herz schreibt. Darin, daß er uns in und durch Christus seinen sündenvergebenden Geist gibt, der die *Beziehung* zwischen Vater und Sohn ist – in sie bezieht uns Gott ein. Das auf Golgota sich am Ende für alle Menschenbrüder verströmende Leben Jesu und die Geistgabe sind in sich *ein* Geschehen, sind unsere Einbeziehung in Gott.

Jesu Auftrag an seine Jünger ist die Ausdehnung des Neuen Bundes zu allen Völkern hin und in alle Verhältnisse hinein durch die Verkündigung des Evangeliums in Tat und Wort. Dabei sollen die Kranken und Notleidenden den Vorrang haben, so wollen und sagen es alle Aussendungsreden Jesu: „Heilet die Kranken und laßt sie erfahren, daß das Reich Gottes nahe ist!"

Im Auftrag und Dienste Christi heilen, helfen, befreien, das geschieht nur, wenn unser ganzes Verhalten mehr und anderes im Auge hat als die bloß leibliche Fessel oder die materielle Lage eines Menschenbruders, mit anderen Worten, daß dieser Liebe erfährt und erwidern kann, daß *Beziehung* entsteht von der Art, wie sie dem Auftrag entspricht: „Laßt sie erfahren, daß das Reich

Gottes nahe ist." Es muß uns um den neuen Menschen gehen, der nicht länger gefesselt und verkrümmt in sich selbst ist, sondern als ein Bejahter bejahen kann, frei geworden für Gott und den Bruder.

Im Dienst am Kranken und Leidenden müssen wir eine klare Vorstellung haben von Gottes Vorhaben mit dem Menschen, entsprechend der biblischen Offenbarung.

Gott will, daß der Mensch im Bunde mit ihm lebe und zuinnerst an seiner Freiheit teilnehme.

Daß der Mensch er selbst sei, Gottes Ebenbild.

Daß nicht fremde Mächte und Gewalten ihn bestimmen, daß Menschen nicht Menschen ausbeuten, nicht aneinander verdienen, sondern einander dienen.

Gott will einen seinem Ursprung verbundenen und dadurch ursprünglichen Menschen, er will Originale, nicht Klischees.

Gott will, daß der Mensch sich als geliebt erfahre und die Freiheit erlange, wiederlieben zu können, als Beschenkter schenken zu können.

Zahllose Menschen sind gefesselt an eine Lebenssituation, in der sie ihre Menschenwürde nicht leben, nicht entfalten, ja nicht einmal erkennen können.

Wann ist ein Mensch ein wirklicher Mensch? Wir Christen müßten sagen: wenn er das Vaterunser mit Herz und Verstand mitbeten kann. Kann er das, ständig am Rand des Existenzminimums lebend, bedrängt von der Frage: Was werden wir essen? Was werden wir trinken? Womit sollen wir uns kleiden? Wie sollen wir unsere Schmerzen lindern? Ihn aus dieser Lage zu befreien ist unsere Christenpflicht, aber nicht lediglich mit Geld, mit Entwicklungshilfe und Alphabetisierung, sondern mit dem persönlichen Einsatz von Menschlichkeit und Brüderlichkeit, wie sie aus dem Bund hervorgeht und Bund ausdehnen hilft.

Befreiung eines Menschen beginnt oft damit, ihn die Fesseln seiner Isolierung oder seines Vegetierens unterhalb der Menschenwürde spüren zu lassen, ihm Fesseln, an die er sich vielleicht längst wie an eine Selbstverständlichkeit gewöhnt hat, bewußtzumachen.

Dem Blindgeborenen (Joh 9) legt Jesus einen Lehmbrei über die Augen, der ihm lästig ist, ihn seinen armseligen Zustand auf neue drastische Weise spüren läßt. Dann sagt er ihm: „Geh! Wasch dich im Teich Siloa!" Der tut's. Dann kommt er wieder und sieht. Da er, strahlend vor Freude, seinem alten Menschen nur noch ähnlich ist, wird er von den Leuten nach seiner Identität befragt. Er darauf: „Ego eimi!" – „Ich bin." Der einzige Mensch außer Jesus, der sich im Jo-

hannesevangelium mit diesem Wort aussagt. Im
Hinblick auf Jesus sehend geworden, beginnt er
zu *sein*... er selbst zu sein.

Dem Gelähmten an der schönen Pforte des
Tempels sagen Petrus und Johannes als erstes:
„Schau auf!" Dann folgt: „Geld hab' ich nicht...
Was ich aber habe, das geb' ich dir." Wir sind
deine Brüder, und wir sind arm wie du, du bist
für uns kein Opferstock, keine Sache und kein
medizinischer Fall; du sollst frei werden, du
sollst gehen können, du sollst mit uns Gott lo-
ben. Dein Blick war eingeengt auf dein bißchen
Leben unter dir. Deine Seele klebte am Boden,
wir haben gemeinsam ein Leben *über* uns. Und
dieses Leben schenkt sich uns, es trägt den Namen Jesu, des Nazaräers, es wird dich befreien,
wie es uns befreit hat.

Und wie heilen wir heute?

Wenn neutestamentliche Heilungsberichte ihrer
Substanz nach – und diese Substanz heißt, wie
wir sahen, *Beziehung, Bund* – als ein letztes Kri-
terium zu gelten haben für die Beurteilung unserer caritativen Bemühungen und Einrichtungen,
auch zweitausend Jahre später noch – *wie bestehen wir* vor solchem Maßstab?

46

Es geht jetzt nicht ohne ein paar Beispiele:

Da berichtet eine Ordenspostulantin über ihre Erfahrung als Putzhilfe in einem Caritasaltenheim:

„Was ich schlimm finde?

1. Die alten Leute sind im Grunde nur noch Konsumenten und Objekte. Für ihr Leben und ihre Zeit haben sie keinen rechten Inhalt mehr. Man stellt ihnen Radio- und Fernsehgeräte zur Verfügung. Aber es fehlt ihnen der lebendige Kontakt zu den Helfern und meist auch untereinander, weil niemand die rechten Weichen für solch ein Miteinander stellt. Sie dürfen beispielsweise nicht mitarbeiten an der Vorbereitung des Mittagstisches, obwohl manche ehemalige Hausfrau dazu noch gut in der Lage wäre. Sie dürfen nicht spülen helfen. Und weil einige vielleicht keine ganz normalen Eßgewohnheiten haben, muß jeder für sich allein auf seinem Zimmer von seinem Tablett essen. Da ist dann keine Hand mehr, die reicht und gibt, kein Du. Das macht dem Personal, aufs Ganze gesehen, natürlich weniger Arbeit.

2. Putzen ist in unserem Heim wichtiger als Kontakte schließen. Ich putze meistens Sachen, die schon sauber sind. Eine alte Patientin sagte mir: ,Wenn Sie morgen kommen, habe ich selber schon alles geputzt, vielleicht haben Sie dann

fünf Minuten Zeit, ich möchte Ihnen so gern mein Familienalbum zeigen.'

3. Das Reglement in unserem Altersheim hat keine Flexibilität. Langersehnter Verwandtenbesuch, der oft von weit her kommt, muß sich strikt an die Besuchszeit halten.''

Ist das ein christliches Heim?

Daß unsere großen Krankenhäuser und Kliniken mehr und mehr eine ähnliche menschliche Verödungslandschaft bilden wie dieses Altenheim, daß manche gähnen vor Beziehungsleere, weil der technisch-medizinische Apparat absolut dominiert, ist oft beklagt worden.

Eine Langzeitkranke schrieb mir kürzlich aus einer von Ordensschwestern geleiteten Klinik: Man bekommt seine Medikamente, sein Essen und, wenn man Glück hat, einmal am Tag ein freundliches Guten Morgen oder Guten Abend von der Stationsschwester. Sie kann sicher nichts dazu, daß sie nicht öfter Zeit für uns hat. Es sind ja viel zu wenige Ordensschwestern, und was sonst an Personal ins Zimmer kommt, hat einen vorübergehenden Arbeitseinsatz, meist ohne spürbares Interesse an uns Kranken selbst und ohne Zeit für uns. So ist man *innerlich bettelarm* und muß sehen, wie man zurechtkommt. Ich habe zwei Menschen in dieser Verfassung nach und nach sterben sehen. Natürlich, es gibt da auch einen Priester. Aber wenn das Vertrauen nicht geweckt ist, wenn die ganze kalte Atmosphäre einem das Herz und die Kehle zuschnürt, wie soll man sich so schnell, wie der Geistliche wünscht, für Zusprüche und Sakramente öffnen?

Krankheit ist Krise, Chance neuen Lebensanfangs. Aber für diese Chance braucht es einen neuen Maßstab, den man in einem christlichen Hospital nicht vergeblich suchen müßte; – braucht es zumindest auch *Stille*. Soweit das heutige Klinikwesen dem Kranken überhaupt noch Pausen und Stillezeiten läßt, wissen die Massenmedien ihm zu suggerieren, wie er diese in der Rekonvaleszenz mit Zerstreuungen ausfüllt. – Wir selber richten Fernsehräume und im Vestibül Kioske mit Zeitschriften für jeden Geschmack ein; in den Unheilbereich ablenkende Faszinationen werden unser eigenes Wahlangebot. Was wir aus unseren christlichen Wertvorstellungen anzubieten hätten, beschränkt sich oft verschämt auf einen vorsichtigen kirchlichen Service.

Wir tun alles Erdenkliche, damit für den Patienten alles so weiterlaufen kann, wie er es gewohnt war, damit die Geleise, in denen einer fuhr und *durch* die er nicht selten krank wurde, mitten durch unser Krankenhaus hindurch weiterlaufen. – Die Krise findet nicht statt.

„Aber das alles wollen doch die Patienten" – so erwidert man uns. Sie wollen, was ihnen die Propaganda einer Welt suggeriert, die am Menschen verdienen, nicht dem Menschen wirklich dienen will. „Das wollen die *Leute*..." Will es auch Gott? Haben wir kein eigenes Konzept mehr von Stätten der Heilung aufgrund des Neuen Testaments? Nach der Bergpredigt sind wir Christen die „Stadt auf dem Berge", die sich von den Niederungen einer Welt ohne Gott unterscheidet. Müßte dieser Unterschied nicht spürbar, erfahrbar, erlebbar werden für die Kranken, die zu uns kommen? Zählt Gott unsere Betten oder unsere konsequent konkretisierte Liebe? Haben wir keine eigene Phantasie mehr, um Kranken *unseren* Hospitalbereich anziehend zu machen? Haben wir kein lebendiges Wasser mehr für Dürstende?

Soviel ich weiß, sind anthroposophische Krankenhäuser ihrer kompromißlosen Eigenart wegen gesucht, überfüllt.

Wie ein christliches Hospital entstand

Ich will mich nun bei solch einseitig negativen Feststellungen in Hinsicht auf unsere heutigen christlichen Hospitäler nicht länger aufhalten –

es gibt Gott Dank ja noch andere Erfahrungen. Erst kürzlich lernte ich ein sehr gutes, sehr menschliches Kinderkrankenhaus kennen. Ich möchte jetzt erzählen, wie in der Nachkriegszeit ein dem Entwurf nach christliches Hospital entstand. Vielleicht kann ein Beispiel solcher Art zu weiterreichenden Konsequenzen im Bereich des Helfens und Heilens inspirieren und ermutigen.

Zwei Freunde, die das Kriegsgeschick zusammengeführt hatte, ein Nervenarzt und ein Seelsorger, sahen sich konfrontiert mit den Problemen so vieler gestörter und verstörter, ausweglos bedrängter, verlassener und von Schwermut bedrohter Menschen. Sie sagten sich, es müsse ein Hospital geben, wo solche Menschen nicht nur medizinische Versorgung, sondern auch Geborgenheit und Frieden und damit womöglich die Chance zu einem Neubeginn in neugeschenkter Zuversicht und innerer Freiheit finden könnten.

Dieses Hospital müsse, um sich christlich zu nennen, vor allem den Ärmsten offenstehen, es dürfe seine Dienste nicht von Bezahlung abhängig machen und keine Klassenunterschiede kennen. Wenn man in den Kranken wirklich Christus sehe, wie es das Evangelium fordert, dürften die Helfer nicht an ihnen verdienen wollen, sondern sie sollten ihnen zu dienen suchen. Es müßten sich Christen finden lassen, die bereit wären, mit ihnen unter einem Dach wie in einer Familie zu leben, nicht auf einem Achtstundentag zu bestehen und sich mit einer bescheidenen Belohnung zu begnügen.

Der Versuch begann 1952 auf einer Etage. Heute, nach fast dreißig Jahren, besteht das Hospital aus 14 Häusern familienartigen Charakters. Jedes hat seine eigene Lebensform, seine eigene Küche, seinen eigenen Garten, seine eigene Atmosphäre. Eine Gesellschaft von etwa fünfhundert Freunden trägt sein Bestehen mit. Ich möchte den Namen des Hospitals nicht nennen und, die ihn kennen, darum bitten, ihn nicht auf eine Weise zu propagieren, daß er unter das Scheinwerferlicht der Öffentlichkeit kommt. Eine Familie, die in Frieden lebt, ihre Gäste hat und dankbar ist für den gelegentlichen Austausch mit Fremden, möchte nicht einfach nur Schaulustigen Einblick geben in ihr Leben. Es gibt Bereiche und Verhältnisse, die für ihr Bestehen und Gedeihen einen gewissen Schutz vor der Neugier brauchen.

Zur Eigenart des Hospitals, das ich schildere, gehört es, daß hier Kranke und Behinderte bald auch Mitarbeiter werden können: in der Küche, in der Hauspflege, in der Webstube, in der Korberei, der Beschäftigungswerkstatt, als Gärtner, als Handwerker, als Musiker. Ein jüngerer Hausinsasse begleitet etwa einen alten auf seinem Spaziergang. Ein Unbehinderter füttert einen Spastiker, jemand liest einem Blinden vor, einer führt den anderen im Rollstuhl aus. Geschicktere helfen weniger Geschickten beim Hantieren und Basteln.

Zur Verpflichtung der Mitarbeiter gehört es, daß jeder bereit sein muß, alles zu tun. Wenn Not am Mann ist, kann auch die Leiterin ans Kloputzen geraten. Ich zitiere einige Sätze aus den Statuten:

„Die Bedrängten, Verlassenen und Kranken sollen in unseren Hospitälern wie in einer Familie leben. Das Vorbild der Familie beschränkt ihre Größe. Niemand, der um Aufnahme bittet, darf ohne zwingende Gründe abgewiesen werden. Seelsorger und Ärzte, ordnende und schützende Helfer sollen zur Verfügung stehen.

Der Aufenthalt in den Hospitälern ist für die Unbemittelten kostenlos. Soweit Institutionen der staatlichen Sozialordnung leistungspflichtig sind, sollen sie in Anspruch genommen werden. Begüterte finden nur Aufnahme, wenn sie die ihnen notwendige Betreuung anderswo nicht finden können. Um des Geldes willen darf keinerlei Unterschied in der Betreuung der Hilfesuchenden gemacht werden. Ein jeder soll nach dem Wort des Evangeliums wie der Herr aufgenommen werden." Soweit das Zitat aus der Satzung.

Die Mitarbeiter des Hospitals haben sich eine Art Regel gegeben. Sie hat folgenden Wortlaut:

„Was will ich tun? – Gott dienen.

Wie soll ich Gott dienen? – Im Dienst an den Menschen im Elend. Denn Christus hat gesagt, was wir dem Geringsten nicht getan haben, das haben wir ihm nicht getan.

Wie sieht das Elend der Geringsten aus? – Ihre Glieder sind gelähmt, ihr Gemüt ist verdunkelt, sie hören nicht, ihr Geist ist verwirrt, sie sind allein, haben keine Ordnung, keine Nahrung, kein Obdach, keinen Frieden.

Wie kann ich ihnen helfen? – Ich muß ein Haus für sie bauen und instand halten, ich muß sie waschen und betten, für sie kochen und putzen, ihrem Tag Inhalt geben, ihrem Warum standhalten.

Was habe ich zu erwarten? – Befriedigung in meiner Arbeit? – Vielleicht.

Dank? – Wenig.

Geld? – Wenig.

Einen geordneten Tag? – Nein.

Ruhige Nächte? – Nein.

Gute Mitarbeiter? – Nicht sicher.

Eine religiöse Ordnung? – Die des Lebens mit den Geringsten als Geringster.

Wie soll ich das bestehen? – In Geduld, in Glaube, Hoffnung und Liebe."

Beziehungsnetz Liebe

Das Mitleben in diesem Hospital durch mehr als zehn Jahre und manche Aufenthalte in anderen Häusern für Kranke oder Behinderte haben mich zu gewissen Erkenntnissen grundsätzlicher Art geführt.

Ich stelle fest:

Zur Krankengeschichte der meisten heutigen Patienten, nicht nur in neurologischen und psychiatrischen Kliniken, gehört eine gestörte oder zu früh beendete Kindheit, gehören Beziehungsrisse an der Basis der Existenz. Das Fundament für sein Lebenshaus bekommt der Mensch in der Lebensfrühe geschenkt, sofern er in ihr Liebe erfährt und wiederlieben lernt, also in eine Welt der Liebe hineinwächst.

Wenn der Mensch, gemessen an seinen Tiergefährten, eine Art Frühgeburt ist, mehr als ein Jahr lang völlig angewiesen auf die mütterliche Zuwendung, so hat das personalen Sinn: daß sich in ihm der Habitus des Urvertrauens bilde. Dieses Urvertrauen ist eine erstwesentliche Grundlage sowohl für seine kommende echte Gottesbeziehung als auch für sein durchhaltendes positives Verhältnis zur mitmenschlichen Gemeinschaft.

Wer in der Lebensfrühe erlebte, wie sich ihm beim Gestilltwerden in treuer Verläßlichkeit das liebende leuchtende Antlitz der Mutter zuwandte, zu dem sich alsbald das des Vaters gesellte, wer auf solche Weise zu einer Zeit, wo sein Appetit noch ungeteilt Appetit auf das Leben im ganzen war, nach Leib und Seele gestillt wurde, den wird es als gläubigen Menschen später einmal zuinnerst erreichen, wenn er die Worte hört: „Der Herr lasse sein Angesicht über dir leuchten und sei dir gnädig. Er erhebe sein Antlitz über dir und gebe dir Frieden", denn „eben dies tat jenes erste Gesicht" (Boehnke).

Entsprechend gilt: Wer an der Wurzel seines Daseins verläßliche Güte erfuhr, bei dem wächst auch wahre Mitmenschlichkeit, der glaubt auch später mit einem Vertrauen, das selbst schweren Belastungen standhält, an das Gute im Menschen; so hilft er das Böse im anderen und in sich selbst fesseln und das Dunkel besiegen. Wo umgekehrt aber ein Mensch in der Lebensfrühe zuwenig oder gar keine wahre Liebe erfuhr, wo demgemäß das Fundament, auf dem sein Lebenshaus sich aufbauen sollte, von vornherein dünn und brüchig war, da kommt es später durch

Strömungen der Zeit und Einflüsse der Umwelt oder durch schicksalhafte Belastungen, zumal wenn erbhafte Stränge der Psyche ins Kranke und Chaotische hinabreichen, nicht selten zu Bodendurchbrüchen ins Abgründige, ins schier hoffnungslose Dunkel der Schwermut.

Dann liegt alles daran, daß der fundamental Zukurzgekommene und darum Krankgewordene den rechten Gefährten und Helfer finde, den guten Arzt und durch ihn womöglich einen mitmenschlichen Bereich, in dem er auf Quellen des Vertrauenkönnens stößt. Das Paradies der Kindheit hat er nie erlebt, das Land Urvertrauen nie betreten. Nun sollte er Menschenbrüdern begegnen dürfen, die ihm helfen, sein Dunkel zu bestehen.

Wenn unsere Kranken in den Nerven-Hospitälern immer wieder einen Absturz der Psyche ins Bodenlose erfahren, in Abgründigkeit, welche die Leidensfähigkeit eines einzelnen übersteigt, so sollten diese Verdunkelten – unerreichbar oft für helfende Worte – so etwas wie ein Netz unter sich ausgespannt finden, ein Beziehungsnetz Liebe, das den Absturz abfängt, gebildet von Menschen, die sie als ihre Freunde erfuhren.

„Netz" – dieses Bild ergänzt in der Schrift das von Haus und Bau für „Kirche". Jesus drückt dem Fischer Simon ein anderes Netz als das gewohnte in die Hand mit den Worten: „Ich will dich zum Menschenfischer machen." Diese Metapher kehrt die natürlichen Verhältnisse um: Wer bei solcherart Fischfang aus dem Meer ans Ufer gebracht wird, der stirbt nicht, sondern wird dem Tod entrissen und gewinnt das Leben. „Meer" in seiner Bodenlosigkeit und Abgründigkeit ist die biblische Chiffre für die rein diesseitig orientierte, in den Untergang hinabreißende Welt. Aus ihr rettet das Netz, das Gottes Geist in sie hineinsenkt, das seine Liebe unter den Menschen knüpft und an dem wir als Jesu Jünger, von seinem Geist ermächtigt und gedrängt, mitknüpfen dürfen, um alle vom Untergang Bedrohten in Gottes Reich, in den Bereich Liebe, hineinzuziehen, an das Gestade der bleibenden Welt hinüber, wie es die Perikope Johannes 21 von der Erscheinung des Auferstandenen am Ufer des Sees Gennesaret symbolisch verdeutlicht. Die im Netz der Liebe Gefangenen aber treten ihrerseits sogleich auch in den Fischerdienst, bilden und knüpfen neue Knoten und Maschen in diesem Netz und helfen es auswerfen. Daß sie die Freiheit dazu erlangt haben, ist Frucht der Geborgenheit, die sie erfuhren und beständig weiter erfahren.

Helfen und Heilen im Geiste Jesu

Kirche, Gemeinde – in neutestamentlicher Sicht ein Beziehungsnetz Liebe. Könnten, sollten unsere christlichen Hospitäler das nicht in eminenter Weise sein?

In seinem letzten Rundbrief erklärte der Gründer des Hospitals, von dem oben die Rede war: „Unsere Häuser haben mit der Pflege eines einzigen Kranken begonnen. Wenn schließlich nur noch in *einem* Haus und schließlich nur noch ein einziger Kranker *als ein anderer* Christus gepflegt würde, so wäre das Glut, aus der neues Feuer entstehen könnte. Und das wäre besser, als die *nur praktische* Sorge für viele Kranke in vielen Häusern unter dem Christennamen fortzusetzen. An Krankenbetten ist in Deutschland kein Mangel."

Die Auffassung dieses Arztes, provozierend deutlich zur Sprache gebracht, kann sich auf das Evangelium berufen, Quantität von Leistung und und Großartigkeit von Statistik sind für den Dienst an der Frohbotschaft an keiner Stelle der Bibel ein Gesichtspunkt.

Jesus nennt seine Jünger Salz und Sauerteig: Bilder für eine winzige Minderheit, die aufgrund ihres Andersseins aber eine durchdringende Bedeutung für ein großes Ganzes bekommt.

Das entscheidende Beispiel in der Frage, was Vorrang hat, das Wie oder das Wieviel unseres Helfens, gibt uns Jesus selbst. Er tut nicht das Geringste, um mit seinem Heilen und Helfen gezielten Eindruck auf die große Öffentlichkeit zu machen und sich ihren Wunschvorstellungen anzupassen.

Alle Evangelisten bezeugen vielmehr seinen Zug ins Verborgene. Zweifellos, von der Lauterkeit und inneren Mächtigkeit des Wesens Jesu gingen heilende Kräfte aus wie von keinem Menschen sonst. Wer in den Strahlbereich seiner Persönlichkeit kam, wurde von dieser Kraft berührt, und das ging nicht selten bis in die zentralen Schichten des leiblichen Bereichs hinüber.

Aber Wunderheilungen gab es damals auch sonst. Krankenheiler, Dämonenaustreiber waren so etwas wie ein Beruf. Was Jesu Wirken von dem ihren unterschied, war vor allem das Wie. Sein heilsmächtiges Tun kam aus seiner Einheit mit dem Vater, aus der Freiheit und Weite seiner Liebe. Jesus hat viel mehr und Eigentlicheres zu geben als eine vorübergehende leibliche Hilfe. Sein Geben kam aus Gott und führte zu Gott – den, der *glaubte*. Daß ein durch Jesus Geheilter auf solche Weise erfuhr, wer Jesus ist, der Gesandte des Vaters, daß er sich durch ihn zur Gottbegegnung, zum Erkennen des wirklichen Gottes führen ließ, darum ging es Jesus.

In der Zeit seines „galiläischen Frühlings" strömen die Scharen ihm zu. Zunächst und zumeist ist es äußere Not, die sie zu ihm treibt. Eine „ganze Stadt" findet sich ein an seiner Tür (Mk 1, 33). Er „heilt viele, die an allerlei Krankheit litten", und „treibt viele Geister aus". Aber dann entweicht er dem Gedränge, begibt sich unbemerkt, „in der Frühe, da es ganz finster ist", „an einen einsamen Ort und betet dort". Die Vereinigung mit Gott im Gebet ist für ihn das Unabdingbare, immer wieder zu Erneuernde. – Seine Jünger finden ihn und wollen ihn zurückholen. Er entgegnet ihnen: „Laßt uns anderswo hingehen …, damit ich auch dort das Reich Gottes verkünde, denn dazu bin ich gekommen." Das äußere Heilen und Helfen ist für Jesus kein Letztziel.

Seine Brüder legen ihm nahe, sich nach Judäa zu begeben, um mit seiner Wunderkraft an einflußreicher Stelle publik zu werden, Eindruck zu machen. „Denn es tut keiner etwas im Verborgenen, der bekannt zu werden sucht" (Joh 7, 3–5). Das war Unglaube, wie es das vierte Evangelium ausdrücklich sagt: „Auch seine Brüder glaubten nämlich nicht an ihn." Wäre Jesus auf ihr Ansinnen eingegangen, so hätte er das Eigentliche und

Rettende seiner Sendung geradezu verhindert. Die Leute hätten dann nur gesehen, was er konnte, nicht wer er ist; damit wäre letztlich alles im Unheilzirkel einer Welt verblieben, die Gott nicht kennt.

Jesus heilt zwar auch in Jerusalem, aber anders als ein allzu natürlicher Sinn es sich dachte und wünschte. Nach dem Herzen der Brüder wäre etwa eine Massenheilung all der Kranken und Gichtbrüchigen da am Teich von Betsaida gewesen. Jesus heilt nur einen. Dieser *eine* kann und soll zum „Zeichen" werden dadurch, daß man ihn und sein Heil in Zusammenhang mit seinem Retter Jesus sieht und den Retter Jesus im Zusammenhang mit dem Urphänomen Liebe, mit Gott: so aber beginnt man den wirklichen Gott wieder in den Blick zu bekommen. Und wer Gott sieht, hört auf, sich selbst im Blick zu haben. Um diese Blickwende geht es Jesus. Sie ist das Heil im Personkern. Von hier aus wird der ganze Mensch heil. Denn jeder in der Mitte und von der Mitte her Heile, jeder, der Gott wieder im Auge hat, jeder, der das wahre Licht sieht, ist seinerseits „Licht der Welt", ist einer, der Gott in den Blick bringen hilft.

Jesus hat also viel tiefer angesetzt in seinem Heilstum, als es alle jene Hilfsaktionen können, die, für sich genommen, den Menschen am Ende

doch wieder seinem Todesschicksal anheimge-
ben und in seinen Sünden sterben lassen, und das
heißt dann schließlich einer hoffnungslos totalen Beziehungslosigkeit ausliefern. Dann kann
ein Aussätziger leiblich rein geworden sein, aber
schließlich wird er doch wieder der Verwesung
verfallen. Der Gelähmte kann wieder gehen, aber
im Tode wird er kein Glied mehr rühren. „Wenn
du Gottes Gabe kenntest – und *wer der ist*, der
mit dir spricht, so würdest du ihn wohl bitten,
daß er dir lebendiges Wasser gebe“, so sagt Jesus
zur Samariterin (Joh 4, 10). Lebendiges Wasser
empfängt nur der Glaube. Wer sich nicht öffnet
für das göttliche Geheimnis Jesu, für den, „der
er ist“, und für die Gabe Gottes, für Jesu Geist,
der die Liebe Gottes in die Herzen ausgießt, der
kann nur Wasser bekommen, das irdischen Durst
löscht, der kann nur Vorübergehendes, Vergäng-
liches empfangen. Wie aber, wenn wir Christen lebendiges Wasser gar nicht mehr anbie-
ten?

Hilfsaktionen sind gut und notwendig, wo immer Menschen in Not sind. Und daß das Empfin-
den für den notleidenden Bruder sich zunehmend sensibilisiert hat, daß wir wenigstens auf
den Zivilisationsstand hin gesehen eine huma-
nere Welt bekommen haben, ist nicht zuletzt aus
der Befreiung zur Mitmenschlichkeit hervorge-

gangen, die das Christentum bewirkt hat, wohin
es kam.

Inzwischen hat sich das Humane als solches
verselbständigt. Es ist in den ehedem christiani-
sierten Bereichen der Welt weitgehend bereits
institutionalisiert in zahllosen Einrichtungen für
Kranke, Schwache, Alte und Notleidende jeder
Art, in der Sozialgesetzgebung. Aber das Interesse am Menschen bleibt auch mehr und mehr
bei seinem äußeren Schicksal stehen. Sein Verlangen nach Lebenssinn und nach Frieden wird
in weiten Bereichen weder mehr geweckt noch
beantwortet.

Wir Christen verfehlen das Ziel der Frohbotschaft und das Wesen des Heilswerkes Christi,
wenn wir in der Schaffung und Mehrung huma-
ner Einrichtungen und Strukturen und in Hilfsaktionen aller Art unsere Aufgabe erfüllt sehen.
Um dann in der Konkurrenz der Weltanschauun-
gen nicht ins Hintertreffen zu geraten, käme es
für die Kirchen darauf an, durch die Mobilisie-
rung ihrer Kräfte das alles auch zu erstellen und
zu erhalten, was inzwischen die Kommunen und
die Versicherungsgesellschaften oder sonstige
humane Organisationen an hilfreichen Werken
geschaffen haben und schaffen. Dieses Bemühen
absorbiert und erschöpft dann notwendig unseren christlichen Elan und unsere besten Kräfte in

der Nutzung und Auswertung alles dessen, was man im Dienste der Humanität mit Geld beschaffen kann. Tatsächlich sind wir dorthin gekommen, oder wir sind in dieser Gefahr. Wir setzen in einem Maße auf unser intelligentes und materielles Angebot im Dienste der Mitmenschen, daß die Unterbewertung der göttlichen Gnade die unausweichliche Folge ist. Wir liefern uns nicht zuerst und zutiefst an sie aus. Wir haben immer weniger Zeit für das Hinhören auf die Offenbarung und fürs Gebet und immer weniger Sinn für die liebende Ganzhinwendung zum einzelnen Menschen. Wir gehen an gegen Hunger und Krankheit in der Welt, sehen aber nur mehr das Es des Übels, nicht mehr das Du des leidenden Menschenbruders, den Gott uns in den Blick bringt. Wir enthalten ihm das Wichtigste vor, die Konkretisierung liebender Beziehung. Wir befreien ihn vielleicht vom *Zwang* zu sich selbst, aber weil wir kein anderes überzeugendes Leitbild geben als die Welt der Dinge, die man mit Geld beschafft, werden wir mitschuldig daran, daß er nun mehr und mehr wie die Reichen dem *Hang* zu sich selbst verfällt. Es kommt nur zum Rollentausch. Wir lassen uns im Vorfeld unseres innersten Auftrags, in organisatorischen, technischen, zivilisatorischen Bereichen festhalten und verbrauchen. So tun wir viel; wir häufen die

Aktionen, aber wir machen die Völker nicht zu
Jüngern, wie der Herr uns auftrug (Mt 28, 18ff);
wir machen nicht mehr Ernst genug damit, daß
es um die Rettung aus Sünde und Tod geht und
daß der Name Jesu Christi allein diese Vollmacht
der Bekehrung und Verwandlung der Welt hat;
daß wir ohne ihn nichts wirklich Rettendes tun
können; wir öffnen uns nicht mehr im Glauben
vor und in jeder Aktion oder Passion der inspirie-
renden Wirklichkeit seiner Gegenwart bis zum
Ende der Weltzeit. Mit anderen Worten: Wir setzen mehr auf uns als auf ihn, mehr auf äußere
Werke als auf die wirkliche Liebe.

Ein Modell: Apg 3, 1–11

Noch einmal die im Bereich der nachpfingstli-
chen Gemeinde spielende Geschichte von der
Heilung des gelähmten Mannes am schönen Tor
des Tempels: Sie scheint mir vorbildlich gemeint
zu sein in Hinsicht auf das caritative Wirken der
Kirche.

Dem seit Kindesbeinen am Boden Hockenden,
dessen bißchen Lebenserwartung identisch ist
mit dem Geld, das man ihm in den Hut wirft, sagt
Petrus als allererstes: „Sieh uns an!" Dann folgt:
„Geld habe ich nicht!" Darauf: „Was ich aber

habe, das gebe ich dir, im Namen Jesu, des Nazaräers: Steh auf und geh!" Am Anfang steht die
Begegnung von Auge zu Auge, von Gesicht zu
Gesicht. Eine menschliche, brüderliche Beziehung wird hergestellt. Der Hilfsbedürftige ist
nicht länger ein Es, Objekt von Wohltätigkeit,
von Versorgung mit Geldmitteln und Medika-
menten durch andere. Die ihm helfen, sind so
arm wie er; was das Geld betrifft sogar noch är-
mer. Daß menschliche Beziehung geknüpft wird,
damit fängt die Heilungsgeschichte an – jede
wirkliche Heilungsgeschichte, die sich auf den
Namen Jesu beruft, fängt damit an – und sie wei-
tet sich durch diesen Namen zu einer weiteren
und umfassenderen aus: der Geheilte wird von
den beiden Männern mit hineingenommen in
jene Sphäre, in der Gottes Volk seine Eigentlich-
keit danksagend bezeugt und immer neu erfährt,
in die des Gotteslobes. Die Tore des Lobpreises
haben sich ihm aufgetan.

Die liebende menschliche Beziehung hat für
uns Christen den unbedingten inneren Vorrang
vor all jenen Werten, die man mit Geld beschaffen und auf die Beine stellen kann. Wohl wird der
Christ diese Werte wie alles ihm Begegnende und
von ihm in Verwaltung zu Nehmende in den
Dienst des Mitmenschen zu stellen suchen. Es
gehört zu unserem Weltauftrag, daß wir die Ma-

terie mit den Mitteln der Intelligenz und der physischen Kraft in den Dienst der Erhaltung geschöpflichen Lebens und mitmenschlicher Kommunikation nehmen. Aber das Telefonnetz ist noch kein Beziehungsnetz Liebe, und der Computer oder der Monitor ersetzen nicht und niemals das gütige Auge und die helfende Hand.

Der Christ hat zu wachen, daß die auf der Geldbasis erstellbaren „reichen" Mittel der Caritas nicht die „armen" Mittel Jesu in den Hintergrund drängen.

Die Christen der Urkirche beteten um die Zeichenhaftigkeit ihrer Liebe: „Herr, strecke deine Hand aus, daß Zeichen geschehen durch den Namen deines heiligen Knechtes Jesus!" (Apg 4, 30.)

Was unser Wirken zeichenhaft macht und uns Christen zum Zeichen, ist ganz allein die Kraft von oben, die Liebe. Und es scheint etwas wie ein Gesetz zu sein, daß diese Kraft erst dann in uns durchdringt und über uns verfügt, wenn die Kategorie Geld nicht mehr mit ihr konkurriert, wenn wir zuinnerst frei von ihr geworden sind und damit frei für unseren eigentlichen Auftrag. Das Buch der Weisheit preist den selig, „der nicht auf Geld seine Hoffnung setzt; denn Wunderbares vollbringt er in seinem Leben" (Sir 31,8 ff).

Erst eine dem Herzen nach arme Kirche, die mit den acht Seligkeiten nicht nur theoretisch

Ernst macht, die sich wieder in angstloser Zuversicht auf die Mittel Jesu stellt, auch wenn sie dann irgendwo zurückbleibt im sozialen Rennen – erst eine Kirche, die nicht nur in Dokumenten verkündet, daß ihre erste Aufgabe das Gebet ist und der Dienst des Wortes – erst ein Domkapitel, das seine auch kirchenrechtlich geforderte primäre Aufgabe im gemeinsamen öffentlichen Stundengebet für die Diözese sieht – erst eine Jüngerschaft, die von Jesus wieder das Beten lernen will und die dann den Glaubensmut hat, sich von Christus auf den Weg des Zeugnisses schikken zu lassen, wenn es sein muß, ,,wie Schafe mitten unter die Wölfe" und falls es dem Evangelium dient, mit einem Beutel über der Schulter, ohne Gepäck, wie die Kleinen Brüder und Schwestern Jesu, wird wieder Werkzeug einer Liebe sein, die das Angesicht der Erde erneuert. ,,Wenn ein Armer einem Armen hilft, kommt alles ins Lot", Wort einer Wäscherin in Recife.

Zwei Grundvoraussetzungen menschlicher Existenz: Geborgenheit und Freiheit

Es war eine Entdeckung für mich, als ich aufgrund der Erfahrungen in unserem Hospitalbereich auf die Bedeutung eines allzu wenig be-

achteten Bibelwortes stieß. Das Wort kommt in
der Areopagrede des hl. Paulus vor. Es gehört zur
ersten apostolischen Auskunft vor Unwissenden
über den wirklichen Gott: „In ihm (der Himmel
und Erde geschaffen hat) leben wir, bewegen wir
uns und sind wir" (Apg 17,28). Ein erstaunlicher
Satz. Dieses Wort reißt einen Horizont auf, der
äußerster Gegensatz ist zu Göttervorstellungen
und Götzenbildern. Zugleich rührt er an die
Wurzeln unseres Menschseins und unserer Berufung. Er provoziert nicht nur Heiden, sondern
mehr noch uns Christen zu meditierendem Bedenken.

Es war die Gefahr der Griechen und ist die unsere immer noch: daß man zwar an den einen
Schöpfergott glaubt, sein Denken an ihn aber
weiter von der Kategorie „Götter" bestimmen
läßt, von dem Schema: hier Welt und wir – dort
über uns Gott. Die biblische Botschaft lautet anders. Sie kennt zwar den Unterschied Gott und
Geschöpf sowie die Abgrundtiefe des Gegensat-
zes zwischen heilig und unheilig, gut und böse.
Liebe und Nichtliebe; aber sie verkündet zugleich einen nahen Gott: „...von allen Seiten
umgibst du mich und hältst deine Hand über
mir" (Ps 139,5). Gott, der Schöpfer, ist zugleich
die das ganze All durchdringende, tragende, bergende, darum auch alle Armut und Verlorenheit

und alles Leid des Menschen mittragende und verantwortende Wirklichkeit. Nur von dieser Glaubensvoraussetzung her ist jenes letzte ahnende Erkennen denkbar, das die johanneische Botschaft schenkt mit dem Wort: „Gott ist Liebe" (1 Joh 4, 8) – die im gekreuzigten Christus vollends offenbar werdende Liebe.

„In ihm leben wir, bewegen wir uns und sind wir" – die Wirklichkeit, die dieses Wort umschreibt, läßt Gott uns in Stufen erfahren und mitvollziehen. Mutterschoß ist die erste Verdeutlichung. Wir leben, bewegen uns und sind in der Mutter. Gott birgt uns in ihr als in einem Du, da unser Dasein in jedem Augenblick liebend verantwortet, mit jedem Herzschlag nährt, trägt und umhüllt. Wir sehen dieses Du nicht, empfangen aber alles von ihm.

Dann geschieht die Geburt, Entlassung aus Höhle und Nest, Beginn der Entgrenzung auf den Grenzenlosen hin. Die Bilder und Verdeutlichungen der uns umfangenden, umhüllenden, durchdringenden und lebenspendenden Urwirklichkeit Gott bekommen auf dieser zweiten Erfahrungsstufe kosmische Ausmaße: Gott taucht uns ein in das Licht der Sonne, um die wir als Erde kreisen. – Wärme, Leben, Nahrung empfangen wir von ihr.

Zugleich schenkt sich uns zunehmend das

Licht des Geistes und der Seele; wir tauchen ein
in die Sphäre der Liebe: erwachen zum Erkennen
des Du, erst der Mutter, dann des Vaters, dann
mehr und mehr der Familie Mensch, und – wenn
uns die Gnade des Christwerdens und des Glaubens geschenkt wurde – zum Erkennen des göttlichen Du, dem sich alles verdankt, damit zum
Wiederlieben mit der Liebe, die uns geschenkt
wird.

Das alles bedeutet: wir gewinnen mehr und
mehr eine neue, höhere Form von Geborgenheit,
die zugleich Freiheit und Weite ist: sie entspricht
denen, die „von Gottes Art" sind, Person, und die
im Wir der Gotteskinder das Geheimnis „Gott
ist Liebe" in sich aufnehmen, es spiegeln im Mit-
und Füreinander. – In dieses Wir hinein spricht
der auferstandene Christus das Wort: „Friede
euch!" (Joh 20, 19). Was ist Friede? Plötzlich ging
es mir auf: Friede ist vollkommene Geborgenheit
und grenzenlose Freiheit in einem.

Auf der dritten Stufe (– durch unser Sterben
hindurch wie durch eine zweite Geburt wird sie
erreicht –) ist der Begriff Friede endgültig der unsere geworden: wir sind von Frieden durchdrungen, getragen, durchlichtet, im Frieden geeint;
unsere Existenz ist Übereinstimmung mit Gott,
vollkommene Geborgenheit und unendliche se-
lige Freiheit in ihm.

Die Frohbotschaft von unserer Geborgenheit und Freiheit in Gott ergeht in eine Welt hinein, deren Wirklichkeit diese Geborgenheit und Freiheit ständig zu bestreiten scheint.

Und nun unsere Erfahrung und von daher unsere These: Menschen, die daran kranken und darüber krank werden, daß sie nicht sie selbst sein können, erfahren Heilung und Heil oder aber die Möglichkeit, mitten in und während einer vielleicht endogen bedingten Dauerkrankheit, Mensch zu sein und sich menschlich zu entfalten, wenn sie die Grundelemente und Grundvoraussetzungen menschlicher Existenz, Geborgenheit und Freiheit, auf eine Weile neu erfahren und so eine Art Urvertrauen, das immer zugleich auch Selbstvertrauen und Mut zu sich selbst ist, wiedergewinnen.

Auf *eine Weile* neu erfahren...

Die synoptischen Evangelien akzentuieren zwar zunächst die Notwendigkeit des Aufbruchs und des Hinübergangs aus einer Unheilswelt, aus Fremdbestimmtheit, aus Gesetzeszwängen oder Lustzwängen hinüber in das Reich des Lebens, das sich in Jesu Nachfolge öffnet. Seinetwillen muß man bereit sein, unter Umständen sein gesamtes Bisher, seinen Beruf, seine Sippe und seinen Besitz zu verlassen. Das Johannesevangelium wendet sich dann aber an eine Gemeinde, die diesen Überschritt in entscheidender Hinsicht schon hinter sich hat. Die österliche Wirklichkeit des Auferstandenen und sein Heiliger Geist bilden das Fundament ihrer neuen Existenz. Nun geht es ums *Bleiben* und Verwurzeln in der Welt des Christus. Ein dementsprechend heilsbedeutsames Wort des vierten Evangeliums ist in diesem Zusammenhang das „*Wohnen*". Die erste Frage, die Andreas und Johannes, die beiden vom Täufer auf Jesus als das „Lamm Gottes" hingewiesenen Jünger an diesen richten, lautet: „Meister, wo *wohnst* du?" „Kommt und seht", wird ihnen geantwortet. Dann heißt es: „Sie sahen, wo er wohnte und blieben jenen Tag bei ihm." „Sie sahen, wo er wohnte." Was sahen sie? Vier Wände? Eine Behausung? – Sie sahen Entsprechendes wie die Emmausjünger, denen die Augen aufgetan wurden , als Jesus bei ihnen eintrat, um bei ihnen zu bleiben. Das Johannesevangelium läßt von Anfang an, in allem, was es von Jesus erzählt, die Wirklichkeit des Erhöhten zu Wort kommen. „Wir sahen seine Herrlichkeit als die des Eingeborenen vom Vater, voll der Gnade und Wahrheit", so drückt der Prolog des Johannesevangeliums aus, was die ersten Jünger sahen, und wo er „wohnte:" – „in dem, was des Vaters ist" (Lk 2,49). Daß sie solches sahen, wird sofort deutlich in ihrem Aufbruch zu

den Brüdern – (dem der Emmausjünger nach der
Erstbegegnung mit dem Auferstandenen ähnlich) – mit der unerhörten, die ganze Mensch-
heitszukunft revolutionierenden Frohbotschaft:
„Wir haben den Messias gefunden."

„Sie sahen, wo er wohnte und blieben ,jenen
Tag' bei ihm." Indem sie „sahen", brach ,jener
Tag' für sie an, der die Nacht dieser Weltzeit
beendet, der aber nun auch das Bleiben bei ihm
und in ihm durch das Geschenk des Glaubens
begründet und verbürgt, sofern einer sich nicht
mehr durch Rückfall in Unglauben von ihm
trennt. Dem Wort „Meister, wo wohnst du?",
entspricht das Wort, mit dem Jesus die Ab-
schiedsreden vor seinem Hingang eröffnet: „Euer
Herz sei ohne Angst, ich gehe hin, euch eine
Wohnung zu bereiten" (Joh 14, 1). Die ganze an-
schließende Rede verdeutlicht es: Die Jünger
sollen nicht allein bleiben, sie sollen auch ferner,
nach seinem Hingang zum Vater, „unter einem
Dach" mit ihm wohnen; denn er wird ihnen seinen Heiligen Geist senden, vom Vater her; er
wird durch ihn Gemeinschaft, Gemeinde, Kirche
stiften. In ihr wird das Weilen, das Bleiben und
Wohnen bei ihm und mit ihm, das Umfangensein
und Durchdrungenwerden von seiner österli-
chen Wirklichkeit, von der befreienden Macht
seiner Gegenwart als angstlose Geborgenheit in

Gott erfahren. *Bleiben* in Christus, wohnen, verweilen und verwurzeln in einem Bereich, wo der
Glaube an ihn das gemeinsame Leben bestimmt – das bedeutet ständig tiefere Erfahrung
von Geborgenheit und zunehmende Freiheit.
(Hier hat man übrigens die Bedeutung der Stabi-
litas loci in der Regel des hl. Benedikt als Antwort
auf die Zeit der Völkerwanderung und der allge-
meinen Entwurzelung damals zu sehen.) Der Begriff der johanneischen Wohnung hat seine Entsprechung in dem auf Felsen gebauten Haus, von
dem Jesus am Ende der Bergpredigt spricht: die
in Untergang und Verderben hinreißenden Zeit-
strömungen und -stürme bringen es nicht zum
Einsturz (Mt 7, 27). Es gibt „viele Wohnungen"
solcher Art „im Hause des Vaters" (Joh 14, 2), je
nach der Epoche und der Art der Menschen: Gottes Geist baut Gemeinde, baut denen, die an ihn
glauben, ihr gemeinsames Zuhause in Gott, in
dem ihnen gemäßen „Stil", er läßt sie daran mit-
bauen. Wir sollten alles tun, im Gebet und im
praktischen Einsatz, daß unsere Hospitäler solche Wohnungen werden, daß gerade hier ein
„Wohnen" in der Geborgenheit und Freiheit der
Liebe erfahrbar wird.

5.

Das Risiko von Golgota

„Wer mich sieht, hat den Vater gesehen." Von diesem Wort Jesu her schließt sich das Geheimnis seiner Passion und ihrer Stationen. In Jesus, seinem menschgewordenen Sohn – ihn für uns dahingebend –, ging Gott selbst den Kreuzweg.

Gott ging das Risiko von Golgota ein, er setzte sich selbst aufs Spiel, als er den Menschen schuf, ein Geschöpf, das er dazu ersah und befähigte, sein Ebenbild zu sein, das heißt in johanneischer Sicht: Liebe zu sein, sich lieben zu lassen und wiederzulieben.

Liebe ist schöpferisch. Geliebt, der Liebe vertrauend, vom Wort und Hauch der Liebe lebend und aus dem Grund der Liebe wiederliebend, hätte der Mensch all seine herrlichen Möglichkeiten und Anlagen entfalten und demgemäß das Angesicht der Erde prägen können; er wäre geworden, wozu er bestimmt ist.

Der Sündenfall

Das Risiko dieser Schöpfung Mensch lag für den Schöpfer darin, daß Liebe zugleich Freiheit ist; anders gibt es sie nicht, nicht als bloßen Instinkt und nicht als Plansoll.

Freiheit aber ist Wahlfreiheit. Das bedeutet: es kann einer, Person werdend, zur Freiheit erwachend, dem Du sich verweigern, genauer: sein Ich über das Du stellen, dieses Du dann für sich in Dienst nehmen, sich seiner mehr und mehr bemächtigen, statt alles zu tun, daß dieses geliebte Du es selbst sei, ihm zu „dienen".

Im Sündenfall-Bericht der Bibel ist das Symbol dieser schlechten Wahl die angebissene Frucht: erst ich, dann der andere; und jetzt der andere vor allem, weil ich ihn brauche, zu meiner Ergänzung, Beruhigung, Beglückung und Ausdehnung zu einem Clan oder einem anderen Großich.

Aus dem Liebenden wird also ein Ausbeuter, ein Bemächtiger, schließlich ein Quäler und Zerstörer seiner Mitmenschen wie seiner Mitgeschöpfe überhaupt, der Tiere, der Pflanzen, des Wassers, der Luft, der gesamten Natur. Am Ende entsteht daraus eine Welt, wie wir sie heute haben, ein ausgeplünderter Planet, der im Begriff ist, sich aus seiner Sonnenbahn herauszukatapultieren, um so in die abgründige Leere des

Weltalls zu stürzen, in nie aufhörendem Sturz, oder – mit einem anderen Bild unserer Astronautenzeit – sich wie in einem Weltraumsarg für immer um einen lichtlosen Stern, sein verdammtes Ego, zu drehen.

Aber dieser Sündenfall, diese Pervertierung der gottgeschenkten Liebesmächtigkeit und aller zu ihrem Dienst ersehenen Fähigkeiten durch selbstische Zentrierung auf das eigene Ich – mit allem, was daraus Entsetzliches hervorgeht an Leid für den anderen – geht sofort auch, und die Weltgeschichte hindurch, den Einen an, der nicht anders kann, als ein Geschöpf, das er aus Liebe schuf, auch weiter zu lieben, darum nicht anders kann, weil Er er selbst ist und bleibt, weil er treu ist. „Wenn wir treulos sind, Er ist treu, denn Er kann sich selbst nicht verleugnen" (2 Tim 2, 13). Und seine Treue findet einen Weg, um dem Menschen – wie der Hirt einem verlorenen Tier, das er zärtlich liebt, in die Wildnis hinein – nachzugehen, um ihn da zu erreichen, anzusprechen und abzuholen, wo er überhaupt noch, oder richtiger: wo er wieder erreichbar ist für seinen Erschaffer: in seiner Armut, seiner Bedürftigkeit. Der Eine kann das Böse seines Menschenkindes nicht teilen, wohl aber sein Armsein, sein Leiden und Sterben, sein Alleingelassenwerden, sein Gefoltert- und Gemordetwerden.

So zog er die letzte Konsequenz seines Wesens Liebe: In und durch Jesus äußert diese sich in eine Welt hinein, die so, wie sie geworden ist, Passion für ihn bedeuten mußte, um schließlich den von uns aus gesehen sinnlosen Tod, den Tod, den Menschen ihren Brüdern zufügen, auf sich zu nehmen und seine Annagelung an zwei Balken geschehen zu lassen.

Der Eine, der für uns alle den Tod überwindet

Hier ist mitzubedenken, daß Jesus, wesenseins mit dem Einen, in der Lage war, die Kommunikation des Bösen in der gesamten Welt, die in jedem Bösen mitwirksam ist und die einen „Drahtzieher" hat, „den Fürsten dieser Welt" (Joh 14, 30), zu durchschauen, und mit der Sensibilität eines absolut reinen Herzens leidend zu erfahren. Das aber bedeutet, daß er alles Leid der Welt mit seinem Leiden durchdrang, daß er all unsere Leiden mitlitt, sich selbst dahineintrug, dahineinverbarg.

Welchen Sinn das hat, ist offenbar geworden in seinem „Aufstieg" zu Gott, der im Vollzug bleibt (siehe Joh 20, 17); denn die mit ihm leiden, werden mit ihm verherrlicht (Röm 8, 17). Der Gipfel der merkwürdigen Karriere des Gottessohnes ist seine Kreuzigung. Am letzten Platz angekommen, erreicht er das Ziel seines Lebens: er überwindet für uns alle den Tod.

Diese Wende im Leben einer leidenden und sterbenden Welt, mit der und für die Jesus leidet, deutet sich zum ersten Mal an im Bekenntnis des rechten Schächers, der, zum linken gewandt, spricht: „Wir empfangen, was unseren Taten entspricht, dieser aber hat nichts Unrechtes getan." Darauf zu Jesus gewandt: „Jesus gedenke meiner, wenn du mit deinem Reich kommst." – Jesus: „Heute noch wirst du mit mir im Paradiese sein" (Lk 23, 40ff).

Jesus stirbt zwischen zwei Räubern, nicht zwischen einem Räuber und einem ehrenhaften Bürger. Diese *beiden* sind wir. Was in ihnen – heute wären es vielleicht Terroristen oder Kidnapper – an den Galgen genagelt ist, steckt im Kern jedes Egoisten, verdeckt meist nur durch Zivilisation und Konvention und durch Selbsttäuschung oder auch durch Feigheit. Alle Spielarten des Egoismus, geistiger und psychischer Terrorisierung, geschäftstüchtiger Manipulierung der Menschen, an denen man verdienen will, statt ihnen zu dienen, sind Raub an der Liebe, Raub an Gott und am Mitmenschen. Nicht erst, wenn ich einem anderen wegnehme, was ihm gehört, sondern schon, wenn ich schlechthin festhalte, für mich behalte, was ich mit ihm teilen sollte – etwa wenn ich es mir mit dem Rücken gegen den Lazarus vor der Tür gut schmecken lasse oder wenn ich ohne ihn fromm und selig werden will –, begehe ich Raub, bin ich ein die Liebe Verratender, ein die Einheit Zerreißender und darum im Wesen selbst ein Zerrissener.

Von den meisten Zeitgenossen unterscheiden sich die beiden Schächer nur dadurch, daß sie die Grausamkeit einer Welt, die weithin das Vorzeichen Raub trägt, an ihrem eigenen Leib durchzuleiden haben.

Und nun hängt zwischen diesen beiden Hingerichteten am Ende der Eine, jetzt Bruder von Verbrechern und behandelt wie sie. Was hier geschieht, ist die letzte Konsequenz des Gottes, der Liebe ist. Und die Wende der Welt.

Warum ein gekreuzigter Jesus?

Es ist die Stunde der Finsternis, die sechste. Ihrer Abgründigkeit Bild ist in der Passionsgeschichte die „Sonnenfinsternis über die ganze Erde bis zur neunten Stunde" (Lk 23,44). In diese Nacht hinein ergeht das Gebet: „Vater, vergib ihnen, denn sie wissen nicht, was sie tun." Dieses Gebet hat die Vollmacht dessen, der eben jetzt stellvertretend auf sich nimmt, was uns treffen müßte, die Gottverlassenheit. Jesus ist am Kreuz der von Gott verlassene Gott. Aus diesem äußersten Abgrund (der Liebe) hat sein Gebet um Vergebung, das uns alle sucht und meint, die Vollmacht.

Den rechten Schächer erreicht als ersten die Gnade der Bekehrung: die Erde Mensch, aus ihrer Sonnenbahn gerissen, erfährt unmittelbar vor ihrem Absturz in den Abgrund die unwiderstehliche Anziehung des Erhöhten als des Lichtes der Welt, sie bewegt sich wieder um ihr Urgestirn Gott und ist gerettet.

Warum also ein gemarterter und gekreuzigter Jesus? Eine sinnvolle Antwort auf diese Frage gäbe es nicht, wenn wir nicht ausgehen dürften von der Identität Jesu (seines Wesens, nicht seiner Person) mit Gott seinem Vater. Warum hat Jesus nichts getan, um sich mit dem Einsatz von Mitteln einer uns allen überlegenen Intelligenz und Macht selbst zu retten? Weil Gott die Liebe ist und Jesus wesenseins mit ihr. Weil Jesus diese Liebe, dieses reine Sichschenken nicht an die Art Macht verraten wollte und konnte, die sich selbst beschenkt und salviert; den Haß des Bemächtigers konnte nur die größere Liebe des scheinbar Ohnmächtigen und sich bis in den Tod hinein Schenkenden besiegen.

Martin Luther King ruft zweitausend Jahre später in der Kraft der Nachfolge Jesu weißen Rassisten zu: „Wir werden eure Fähigkeit, Leiden zuzufügen, durch unsere Fähigkeit, Leiden zu ertragen, übertreffen und besiegen."

Ein dem Tod einfach als Allmacht gegenüberstehender Gott hätte Jesus und jeden von ungerechter Gewalt zu Tode Gebrachten vor dem Kreuz bewahren können, indem er den Gewalttäter vernichtete, statt ihn zu bekehren. Ein Gott, der Liebe ist, konnte diesen Tod nur teilen, um auch den zu retten, der ihm diesen Tod zufügte.

Stärker als der Tod ist die Liebe

Jesu Leben ist so unlöslich mit Gottes eigenem Leben verbunden, daß man sagen muß: Gott selbst hat sich durch Jesu Leiden und Sterben in Leid und Tod des Menschen hineinziehen lassen wollen – und eben so den Tod überwunden. Im Hohenlied heißt es: „Stark wie der Tod ist die Liebe." Das Evangelium von Jesu Tod und Auferstehung sagt: „Stärker als der Tod ist die Liebe." Aus Liebe geht Gott, das Leben, in den Gegensatz seiner selbst ein, in den Tod. Nur Er, nur die Liebe konnte und kann leiden und sterben, ohne aufzuhören, das ewige Leben zu sein. Indem „die Liebe bis ans Ende geht" (Joh 13, 1), indem sie leidet und stirbt für den geliebten Menschen, *mit* dem geliebten Menschen, wird sie zur todüberwindenden Quelle des ewigen Lebens für alle Menschen. Wo der Tod hinkommt, dahin kommt fortan Gott selbst. „Manche Tiere gehen zugrunde, wenn sie ihr ganzes Gift von sich geben. Der Tod ist ein solches Tier" (E. Jüngel). Sein Giftstachel besteht darin, daß er ‚von unten' kam und ‚nach unten' bringen könnte, in ewigen Abgrund hinein. Diesen Stachel hat er im Leben des Einen zurücklassen müssen. „Denn er ist der Eine, der den Tod auf sich nahm für uns alle, damit wir im Tode nicht untergehen. Er ist der Eine, der für uns alle gestorben ist, damit wir bei dir in Ewigkeit leben. Durch ihn preisen dich deine Erlösten..." (Präfation von den Verstorbenen II).

Daß der verklärte Eine die Male der Kreuzigung beibehält, will besagen, daß der Tod nunmehr in seiner durchbohrten Hand ist, ja daß jedes Leid und jeder Tod, weil Er unsere Leiden und unseren Tod mitlitt, durch Anheimgabe an Ihn in Gott hinein verklärt werden. Es wird sein ein „neuer Himmel und eine neue Erde". „*Neuer* Himmel" darum, weil in dem gekreuzigten Christus als Erstling eine arme, geschundene und

gequälte Erde in die Herrlichkeit Gottes hin-
übergelangt, in den Bereich, wo die Liebe und nur
die Liebe herrscht – das ist „Reich Gottes". Jeder
Sünder, der als Leidender, als Sterbender, durch
Christus, durch Christi Mitleiden und -sterben
zu Gott gelangt, ist ein neues Wunder, eine neue
Freudenquelle für den Himmel. Durch den Gekreuzigten hat die Erde den Himmel und der
Himmel die Erde in sich aufgenommen. Der Tod
ist „verschlungen in den Sieg!" (1 Kor 15, 54.)

6.

Was bewegt uns,
den Kreuzweg zu gehen?

Zu seinem Gedächtnis

Was bewegt uns, den Kreuzweg zu gehen? Was hat diesen kirchlichen Brauch überhaupt entstehen lassen? Wenn wir tief genug graben, müssen wir sagen: Der Auftrag Jesu an seine Jünger „Tut dies zu meinem Gedächtnis!"

Gewiß, da war unmittelbar die Eucharistie gemeint, die durch alle kommenden Zeiten hin gefeierte. Aber wenn Jesus in die Mitte unseres erlösten Daseins sein Gedächtnis einstiftet und wenn dieses den neuen Bund begründet und enthält, dann kommt darin auch zum Ausdruck, welche Bedeutung Gedächtnis überhaupt für uns vergängliche Menschen hat. Jesus wußte, wie vergeßlich wir sind und daß wir nichts nötiger brauchen, um treu zu bleiben, um den Bund nicht zu brechen, als die Erinnerung:„ – damit ihr nie vergesset, was meine Liebe tut", wie ein Kirchenlied sagt.

Es können ja wunderbare Dinge in meinem Leben geschehen sein; einer kann, um mich aus Sümpfen und Abgründen zu retten, seine ganze Existenz für mich ins Spiel gebracht und an mich hingewagt haben – eines Tages ist das alles wieder zugedeckt, wie ein blühender Garten oder ein reifendes Ährenfeld von Vulkanasche; anderes, unendlich weniger Wesentliches drängte sich mir in den Blick, ins Herz, begann mich zu besetzen, ich gab die Perle wieder für den Glasstein her.

Damit sich dieser entsetzliche Undank nicht durchsetze, hat Jesus, da er die Seinen liebte, sie bis ans Ende geliebt, er hat begonnen, sich nicht nur für sie hinzugeben, sondern sich in den sinnfälligen Zeichen des Mahles in sie hineinzuschenken.

Die immer neue Erfahrung dieser Liebe ist es, die uns drängt, wie es schon die Evangelisten drängte, die Urkirche drängte: den Stationen des Leidens und Sterbens Jesu nachzugehen, sie mit dem inneren Auge wieder und wieder zu schauen, zu meditieren, ihre Spuren dem Herzen einzugraben.

Aus der Eucharistie ging und geht am Ende jedes Gedächtnis Jesu hervor. So und nicht anders ist in der Kirche auch der Kreuzweg entstanden, aus dankbarer Liebe, aus einem inneren Verlangen des gläubigen Menschen, zu betrachten, zu bedenken und zu bewahren, was der Herr zu meiner, zu unserer Erlösung getan und gelitten hat.

Mein ganzer Mensch, nicht nur mein Verstand, auch meine Vorstellungskraft und mein Gemüt wollen und sollen da ins Spiel kommen, wenn es um dieses Thema, nein um diese Wirklichkeit geht. Nichts an mir und in mir darf da ausgelassen werden. *Er* hat ja auch nichts von sich ausgelassen, nichts, gar nichts für sich behalten, als es um meine Rettung aus Lüge und Verlorenheit hinüber in Wahrheit, Leben und Liebe ging.

Denn Glaube weiß genau dies – und wenn er es noch nicht genügend weiß: im Hinschauen auf diese Stationen, im inneren Mitgehen dieses Weges Jesu weiß er es von Mal zu Mal gewisser –: Sein Leiden war unendlich mehr als ein privates und individuelles Geschick: das Weltleid mit seiner ganzen Sinnlosigkeit und Gottferne wurde mitgelitten in Jesu Leid. Der Welt Sünde zog sich gegen ihn zusammen und legte sich auf ihn, als er den Garten Getsemani betrat, die Finsternis ihre Stunde bekam und sein Schweiß wie Tropfen Blutes wurde, der zur Erde rann.

Jeder, der sich diesem Geschehen nicht entzieht und dem darüber die verblendeten Augen aufgehen, wie sie noch in letzter Stunde dem rechten Schächer und wie sie einem Saulus aufgingen, der weiß: „Er hat mich geliebt und sich für mich dahingegeben." Der weiß aber zugleich auch, daß ihn eben diese Wahrheit mit all seinen Menschenbrüdern zu einem ganz neuen Wir verbindet, denn für alle litt und starb er, allen galt diese Liebe, zuerst und vor allem aber den Armen, den Leidenden, die er achtfach selig preist.

Die Leiden aller Leidenden haben durch Jesu Passion eine Beziehung zu Gott bekommen. Gott erblickt im Zentrum des Leids seit Golgota die Liebe zu ihm. Das wollte Jesus. Jedem Leidensweg eines Menschen ist fortan die Gnade eingestiftet, Christus zum Weggefährten und zum Mitgekreuzigten zu haben; jeder Leidensweg mündet ein in den Kreuzweg Jesu, spätestens auf der 12. Station; jeder Leidende ist im Sterben einer der beiden Schächer zur Rechten und zur Linken des Gekreuzigten; denn die beiden waren und sind wir. Jesus ist nicht zwischen einem Räuber und einem anständigen Menschen gestorben; was die beiden da voneinander unterschied, war einzig jener Unterschied, der von allen Unterschieden zwischen Menschen der tiefste ist, jener einzige, der im Tode nicht aufgehoben wird, sondern durch den Tod hindurch sich verewigt: das verschiedene Verhalten des

Menschen gegenüber der göttlichen Gnade, ob einer sich ihr öffnet oder verschließt.

Solidarisch mit den Leidenden

Daß es diese Alternative gibt und daß nun alles am Sieg der Gnade liegt, für jeden von uns und für jeden unserer Brüder, für jede unserer Schwestern, für jedes unserer Kinder, das gibt unserem Kreuzweggebet über Gedächtnis und Dank hinaus eine weitere Bedeutung, die der Fürbitte. Der Kreuzweg, den wir abschreiten, ist nicht nur der vor zwei Jahrtausenden von Jesus gegangene, sondern der des Christus, der in seinen Brüdern fortleidet. Jesu Gefährtenschaft mit den Leidenden dieser Welt in der je währenden Weltstunde ist ja nicht nur Solidarität, sondern Identität, und seine Liebe zu ihnen ist von der Art, daß sie die Identität vollzieht. Jesus sagt zu Saulus: „Was verfolgst du *mich?*", und am Jüngsten Tag im Hinblick auf alle Leidenden, deren wir uns annahmen oder die wir unbeachtet ließen: „Das habt ihr mir getan" oder „Das habt ihr mich nicht getan". Das bedeutet: er selbst leidet mit in jedem Leidenden, bleibt aber auch die Weltzeit hindurch mit und in jedem Leidenden angewiesen auf unsere Liebe, genau so, wie er es in sei-

nem irdischen Leben und Leiden und auf
erschütternde Weise im Garten Getsemani war,
als er ausrief: „Konntet ihr nicht eine Stunde mit
mir wachen?" – Da wird deutlich: er wartet in
jedem Leidenden und Ringenden auf unser Mitsein, unser mittragendes Wachen und Beten, damit dieses oft so schreckliche Leiden von der armen Menschenkreatur angenommen, durch-
getragen und auf Gott hin gelitten werden
könne.

Für unser Kreuzweggebet besagt dies zu dieser
Stunde, daß wir es auch im Gedenken an unsere
leidenden Menschenbrüder in der weiten Welt
beten, in der inneren Solidarität mit ihnen, – sie
sind jetzt *Er*, sie – die Opfer ungerechter Gewalt,
die Zeugen der Wahrheit dort, wo man die Wahrheit nicht hören will, die Gefangenen, die Gefol-
terten, die Deportierten, die Kasernierten, aber
auch die unzähligen Hungeropfer der Gleichgültigkeit, der Sattheit und Liebeleere ihrer in sich
selbst verkrümmten Menschenbrüder.

Wenn wir hier jetzt den Lazarus vor unserer
Tür nicht sähen, den Lazarus, der heute Christus
ist, wenn wir ohne ihn statt für ihn den Kreuzweg
beteten, nur zu *unserer* Erbauung, dann wären wir
der Reiche im Gleichnis; der ist man eben auch,
wenn man ohne seinen armen Bruder, ohne die
Solidarisierung mit ihm in Tat und Wahrheit,

ohne ein Gebet, das Einswerden mit ihm vor Gott ist, fromm sein und selig werden will.

Es gibt ungezählte leidende Schwestern und Brüder in der Welt, die nicht den Kreuzweg als Andachtsübung halten können, sondern ihn in all seinen Phasen physisch und psychisch durchstehen müssen. Ihre Lage schreit nach Erlösung von körperlichen Fesseln und Qualen, nach Befreiung von psychischer und geistiger Terrorisierung. Und wir müssen mitschreien, damit ihr Leid nicht umschlägt in Haß, ihre Last nicht zur Lästerung wird. Aber auch die Bosheit ihrer Peiniger oder die Gleichgültigkeit ihrer Zuschauer an Fernsehschirmen braucht uns, unser Mitbeten des Gebetes Jesu um Vergebung, deren wir selber doch allezeit bedürfen – „Denn sie wissen nicht, was sie tun" –. Die Liebe Christi will sich auch in ihrem Leben als stärker erweisen und braucht unseren Mitvollzug wie einst den des Stephanus, der für seine Mörder betete: „Herr, rechne ihnen dieses nicht als Sünde an."

Zur Entscheidung gerufen

Und nun noch einige Worte zu einer dritten und letzten Bedeutung, die das Beten des Kreuzweges hat: Konfrontierung mit der Passion Jesu, wie sie

93

sich im Mitgehen ihrer Stationen vollzieht, ist für jeden von uns ein neues Gerufenwerden in die Entscheidung für ihn.

Vom linken und vom rechten Schächer war die Rede: der eine stirbt in der Lästerung, der andere gibt sich dem gerechten und barmherzigen Gott, Gott, der sich ihm in Verhalten und Gebet des mitgekreuzigten Jesus offenbart, völlig anheim. Zum letztenmal in der Bibel begegnet uns da ein ungleiches Brüderpaar, das den tiefsten Unterschied zwischen Menschen verdeutlicht – die Reihe begann mit Kain und Abel, sie geht über Esau und Jakob, über Saul und David bis hin zu den Gesegneten auf der Rechten und den Verfluchten zur Linken beim Jüngsten Gericht.

Wir leben in einer Welt, die auf Entwicklung setzt und diese mit allen Mächten der Intelligenz und des Geldes vorantreibt. Die Bibel sagt: Es geht für den Menschen, der sich von seinem Ursprung, von dem lebendigen Gott abwandte, primär um Bekehrung, nicht um Entwicklung; Entwicklung ohne Bekehrung führt in den Untergang. Das Verlassen des Ursprungs führt zum Ende allen Lebens. Die Bibel kennt im Grunde genommen nur dieses eine Thema: dieses Entweder-Oder, von dem Heil oder Unheil abhängt: der Verlust Gottes und damit des Lebens – oder die Heimkehr. Sie ist nicht interessiert an Zwischenstufen und Übergängen menschlichen Verhaltens; sie kennt auch nicht die tausend Ausreden, die Psychologie und Soziologie für unseren Ungehorsam gegenüber Gott, den wir früher Sünde nannten, bereitwillig liefern. Wohl aber läßt sie uns beim Beten des Kreuzweges erfahren, daß Jesus weinenden Menschen auf seinem Kreuzweg zuruft: „Weinet nicht über mich, sondern über euch und eure Kinder; denn wenn das am grünen Holz geschieht, was wird dann am dürren geschehen?"

Und das hat Jesus auch uns gesagt. Seine Passion hatte ja zweifellos etwas tief Erschütterndes für viele, die den Weg nach Golgota mitgingen, das kann heute noch so sein, wie es damals war. Aber Jesus wollte nicht, daß es bei gefühlsmäßiger Erschütterung bliebe, sondern daß sich in seiner Passion und seiner Kreuzigung die letzten Dinge für den Menschen vorausverkünden und er sich bekehre. Wie die Kreuzigung – begleitet von Erdbeben und Sonnenfinsternis über die Erde hin – seiner Auferstehung vorausging, so wird eine letzte Erschütterung der Welt die Umwandlung aller geschaffenen Dinge einleiten, begleitet von den Gerichtszeichen: Erdbeben, Sonnenfinsternis, Öffnung der Gräber.

Der erste Korintherbrief, der erste Petrusbrief und der Hebräerbrief sprechen von dieser Erschütterung als von einem verzehrenden Feuer, in dem nur das Unerschütterliche standhalten und bestehen bleiben wird: ein Glaube, der Entscheidung und Tat war, in der Liebe wirksam, auf dem Fels des Christuswortes aufgebaut.

Wenn man heute einen Kreuzweg betet, geht es auch, ja geht es letztlich um den wachen Blick auf die Feuerbrunst jener Nacht, die dem Anbruch des ewigen Tages vorausgeht, dessen Verheißung und dessen Leuchten uns Christen sein läßt.

„Denn wie es in den Tagen des Noach war, so wird es in den Tagen des Menschensohnes sein. Sie machten so weiter bis zu dem Tag, da Noach in die Arche ging. Und die Flut kam und verschlang alle. Ebenso wie es in den Tagen des Lot geschah: Sie machten so weiter. Da regneten Feuer und Schwefel vom Himmel, und alle kamen um. Denkt an Lots Weib, die zur Salzsäule wurde, da sie zurückschaute.

Ich sage euch: in jener Nacht werden zwei auf einem Lager liegen, der eine wird aufgenommen, der andere zurückgelassen; zwei werden auf einer Mühle mahlen, der eine wird aufgenommen, der andere zurückgelassen; zwei werden auf einem Felde sein, der eine wird aufgenommen, der andere zurückgelassen." (Lk 17, 26–29. 32–36)

96

7.

„Ich werde nicht sterben..."
(Ps 118,17)

Der im Leben verdrängte Tod

Seinen Tod zu verdrängen, ist von Natur aus jeder geneigt. Der Gedanke an ihn kommt nicht aus dem Leben selbst, darum sperrt sich das Leben gegen ihn, es spürt unwillkürlich: wird Tod gedacht, so überschattet er die Freude am Leben, mindert er den Willen zum Leben. Hinblick auf Grab untergräbt bereits Leben.

Nun rächt sich aber jede Verdrängung von Wirklichkeit, sofern sie unausweichlich zum Menschsein gehört. Soviel einer davon verdrängt, lebt er Unwirklichkeit, dringt unbemerkt Lüge ein in sein Leben. Werden wesentliche Daseinswirklichkeiten, wie Geschlecht, Zeugung, Geburt, Tod, als wie nicht vorhanden erachtet, schiebt man sie weg, will man sie nicht wahrhaben, so geht die Chance verloren, sie in das Existenzganze zu integrieren und sie vom Personkern her mehr und mehr zu durchlichten.

Das hat dann zur Folge, daß sie verborgen aus-
wuchern wie ein Krebs und am Ende das Existenzganze übermächtigen.

Der im Leben verdrängte Tod übermächtigt
schließlich das Leben schlechthin; er wird dann
wie eine einzige Katastrophe erfahren: als das
Zerreißen des gesamten Beziehungsnetzes, das
die Jetztexistenz trug, als totale Beziehungslosigkeit, als Sinnleere, als Abgrund. Wenn einer
im Leben den Tod nicht wahrhaben will, so ver-
schlingt ihn am Ende der Tod.

Umgekehrt: Dem Tod nicht ausweichen, mit
ihm als einer Gegebenheit leben, bedeutet stän-
dige Konfrontierung mit einem Stück Unverfüg-
barkeit, dem am Ende das Existenzganze unter-
worfen sein wird. Das relativiert menschliches
Dasein, bewahrt den Menschen davor, sich absolut zu setzen und der Lüge der Autonomie zu er-
liegen. Umgang mit dem Tod als Gegebenheit ist
existentielle Demut, das aber bedeutet Chance
der Berührung mit dem Herrn des Lebens, weil
in jeder Gegebenheit solcher Art Gott der Gebende ist. Was von Gott kommt – und es kommt
von Gott, was immer man sich als Unverfügbares
geben läßt, auch wenn man nicht dahin belehrt
ist, wer der Gebende ist – , das führt auch zu
Gott. So verbirgt sich im schlichten Annehmen
des Todes die Chance des Lebens.

Dem Ernst des Todes nicht ausweichen

Es gehört zu den Gnaden, die den Christen aus-
machen, daß er auf seinen Tod bewußt zugehen
kann und darf, weil er das Tödliche am Tod durch
Christus überwunden weiß, weil er an Auferstehung und ewiges Leben glaubt. Aber hier muß
eine Unterscheidung einsetzen, eine Warnung
geschehen. Erfahrung mit Sterbenden zeigt, daß
Glaube an ein „besseres Jenseits" vielfach nur
ein (von Verwandten und Freunden meist eifrig
genährter) vordergründiger Optimismus war, der
es einem erlaubte, dem Ernst des Todes aus-
zuweichen, Tod nur hinwegzulügen – daß
„Glaube" dann also ein bloßes Gedankenge-
bäude, ein Überbau war, der in der unmittelbaren
und unausweichlichen Konfrontierung mit dem
Tod zusammenbricht.

Sich mit ewigem Leben trösten, um die Tatsa-
che des Todes bis zuletzt wegzuschieben, das ist
nur eine religiöse Weise, ihn zu verdrängen.
Trost, mit dem sich Menschen von vornherein
den Schmerz und die bitteren Tränen ersparen
wollen, die Tod und Trennung bedeuten, hält
nicht vor. Es will bedacht sein, daß Jesus selbst
als ein Tieferschütterter diese Tränen weinte,
bevor er Lazarus auferweckte.

Gläubig auf den Tod zugehen als Christ, das

bedeutet, ihn mit all seinen Vorboten ganz ernst nehmen – um sein Gefährliches und Abgründiges je jetzt schon zu überwinden durch das Sich-selbst-Sterben im vertrauenden Hinblick auf Christus. Denn das ist es, was den Tod so gefährlich macht, die Einkapselung in das Ego – vielleicht in ein dichtes Beziehungsgeflecht, das „Liebe" vortäuscht, dessen verborgene Mitte aber das Ich ist. „Wenn das Weizenkorn nicht in die Erde fällt und stirbt, so bleibt es allein" (Joh 12, 24). In diesem Wort verbirgt sich die Definition von möglicher Hölle durch einen Grad der Einkapselung im Ego, der den Schalendurchbruch verhindert. Hölle wäre dann Isolierung in Permanenz.

Es beweist Dankbarkeit für das unerhörte Geschenk des Lebens, wenn man spätestens jenseits seiner ersten Jahrhunderthälfte jeden Geburtstag *auch* als ein Datum abnehmenden Erdenlebens und immer näher rückenden Endes mit all seinen Abschieden registriert. Lebt man redlich, gerät man mehr und mehr in den Todesschatten, von dem der Lobgesang des Zacharias spricht. Aber leuchtet nicht gerade in diesen hinein (und nur in diesen), das verheißene Licht? Daß siebzigster und achtzigster Geburtstag auch Vorverkündigung und Vorfeier von Lebensfülle sein können, setzt die Paradoxie der angenommenen und gelebten Todesnähe voraus. Es scheint mir verständlich, wenn ernstere Menschen vordergründig optimistischen Gratulationssprüchen und bürgerlichem Sich-Ausfeiern an solchen Tagen aus dem Wege gehen, indem sie verreisen.

Warum muß Tod sein?

Die wirkliche Vorbereitung auf den Tod (die absolute Gnade ist) fängt erst an, wenn der Tod einem zur Frage wird, die ins Innerste dringt. Daß da ein anderer stirbt, der mein Leben mit ausmachte, daß ich selber sterben muß, dessen ganzer Wille, dessen Sehnsucht und Freude es ist, leben zu dürfen, das ist etwas Ungeheuerliches, das stellt mich selbst zur Gänze in Frage, das reißt Frage auf, die tiefer geht als alles, was mir sonst Frage war und ist. Und ich bin sicher, ich sterbe nicht bloß meinen privaten Tod. Tod ist so wenig privat wie Schuld. Wie Schuld mit jeder Schuld der Welt, so ist Tod verflochten mit allen Toden.

Die Welt selbst geht unter im Tod des wirklich Lebendigen. Und warum muß sie denn wirklich untergehen, und warum ich selbst? Dieses Warum beginnt beim einen früher, beim anderen später, beim einen wird es lauter, beim anderen leiser geäußert. In irgendeiner Form bekommt jeder teil an Jesu Frage am Kreuz, diesem schrecklichen Warum des von Gott verlassenen Gottessohnes im Angesicht des Todes.

Warum muß Tod sein?

Gott kann uns nicht für den Tod geschaffen haben, auch wenn wir ihn selbst verschuldeten. Der Tod und seine Vorreiter, Krankheit, Leid, Schmerz, Unglück, können unmöglich das letzte Wort bei uns haben; etwas, was seinem Wesen nach gegen Gott ist, kann nicht stärker sein als er, kann nicht das Ende vom Lied sein, von einem Lied, das Gott selbst in Noten setzte, als er uns schuf.

Warum also muß dennoch Tod sein? Paulus sagt: Weil Sünde kam, Selbstbehauptung. Und weil sterben muß, was sich gegen Gott behauptet. Es muß aber nur darum sterben, weil das Leben sich uns nicht anders schenken kann. Sterben muß, was die Schenkung hindert.

„Gott ist Liebe" (1 Joh 4,8), das bedeutet: Gott ist reines Sichschenken. Seinem Ursprung nach ist der Mensch Offenheit für dieses Geschenk. Daß er in die Selbstbehauptung geraten ist, bedeutet: Er will nichts geschenkt, er will zugreifen, nicht empfangen, er will die von oben her zupackende Faust, oder auch die von oben nach unten darreichende Wohltätergeste, aber nicht die von unten her nach oben hin sich wartend

öffnende Kinderhand. An diesem Widerspruch
zum Leben, zu Gott, sind wir alle beteiligt.

Es besteht ein unausweichlicher Zusammenhang zwischen allem Selbstischen in der Welt.
Keiner von uns kann sich da ganz heraushalten.
Eine kleine Lieblosigkeit, ein Moment Nichtliebe, kann Mitursache sein, daß andere Gewalt-
taten begehen. Darum besteht auch ein unausweichlicher Zusammenhang mit dem Tod: Einer
reißt den anderen mit hinein – wie in den Egoismus so auch in den Tod.

Aber Gottes Vorhaben mit uns versagt nicht
vor diesem Tod. Wenn er uns schuf in der Absicht,
sich uns zu schenken, dann nun, da wir versag-
ten, durch unseren Tod hindurch. Denn wie
durch die Sünde der Tod, so kam nun auch der
Retter, Christus, der alle aus der Sünde und aus
dem Tod heraus ins Leben hineinreißt durch eine
Liebe, die so hinreißend ist für ein Geschöpf, dessen Wesensgrund auf Liebe hin angelegt ist, daß
sie einmal alle Selbstbehauptung besiegt. Dieser
eine ist gekommen und kommt fortdauernd, bis
er sichtbar und endgültig kommen wird, um unsere Motivation und die der Menschheit auf immer zu ändern: Wir werden uns nicht mehr um
uns selbst drehen, sondern nurmehr um unser
Urlicht bewegen, um Gott, und das wird nie endendes Leben aus Gott und in Gott sein, unsere

Verklärung und die der ganzen Schöpfung. „Wenn ich erhöht bin, will ich alles an mich ziehen", sagt Christus im Hinblick auf seinen Tod, den er, der einzige unter allen Geschöpfen, einzig aus Gehorsam und Liebe stirbt, also nicht darum stirbt, weil irgendetwas in ihm sich selbst behaupten wollte, sondern weil er sich selbst schenken will – er, der sich selber alles vom Vater schenken läßt, selber einzig vom Geschenk her lebt, auch im Tode noch, und für den daher auch der Tod noch Geschenk ist, das er uns machen kann, damit wir leben. Denn da sein Tod von Gott, vom Leben kommt, verwandelt er sich in Leben, das seinem Wesen nach Schenken ist und das er uns nun schenken kann, schon hier und jetzt, so daß auch unser Leben und unser Tod sich in Empfangen von Gott und durch solches Empfangen in Weiterschenken verwandelt.

Den Tod als Geburt sehen

Ein so reines Schenken, wie Gott ist, ein so offenes Empfangen soll also der Mensch werden, damit Gott sich ihm mit seiner Seligkeit auf ewig schenken kann. Und wenn wir durch Selbstbehauptung sterben mußten, so läßt Gott nunmehr durch unseren Tod nur alles sterben, was gegen das Leben gerichtet war, so verwandelt er Tod in Geburt: unser im Glauben an Christus wiedergewonnenes und mit Christus in Gott verborgenes Leben wird jetzt als endgültiges und nie endendes offenbar. Da uns, auch wenn wir gläubig wurden, das Sich-selbst-Sterben aus Glauben nur fragmentarisch gelingt, wie alles, was wir beginnen – es bleiben uns Reste des alten Menschen und wir erfahren uns weiter als Sünder unter Sündern –, so geschieht im Sterben die Ergänzung, sofern unser Hoffen und Beten durch Christus dem neuen Anfang gilt, dem Anfang des neuen Lebens, den Gott mit uns gemacht hat und macht: daß wir ihn (endlich!) widerstandslos mitvollziehen. „Brüder, laßt uns endlich anfangen!" hieß das letzte Wort des heiligen Franz.

So könnte einer beten: „Ich bin in meinem Leben zu wenig mir selbst gestorben. In mir ist noch vieles, was sterben müßte. Herr, laß es mich in meinem Tod mitsterben dürfen, damit mein Tod der endgültige Lebensanfang werde."

Ignatius auf der Schiffsreise zur Hinrichtung in seinem Brief an die Römer: „Brüder, die Geburt steht mir bevor." Die eigentliche Vorbereitung auf unseren Tod trifft Gott, er verwandelt ihn in Geburt durch Christus. So den Tod sehen! Als Geburt. An unserer ersten Geburt waren Wille und Bewußtsein nicht beteiligt. Die zweite dürfen wir mitvollziehen in Glaube und Vertrauen.

Wir werden also zweimal geboren, zu Beginn auf Gott hin, dann in Gott hinein. Wir erblicken zweimal das Licht der Welt, in der ersten Geburt das der Sonne, in der zweiten den, dessen Abbild und Gleichnis die Sonne ist (siehe Joh 8, 12). Die Vorwegnahme und Vorverkündigung der zweiten Geburt ist die Wiedergeburt von oben (Joh 3, 3), die Glaubensgnade (ihre Besiegelung ist die Taufe): Christus leuchtet uns ein und auf. „Strahlend geht uns auf die Herrlichkeit Gottes im Antlitz Jesu Christi" (2 Kor 4, 6).

In ihm leben wir, bewegen wir uns und sind wir

In diesem Licht bekommt alles Erden- und Menschendasein ein neues Gesicht. Wir erkennen: Schon vom ersten Anfang war unser Dasein umfangen und getragen von der Wirklichkeit Gott. Weder unsere Zeugung noch unsere Geburt, noch unser Tod sind etwas, was außerhalb von Gott geschieht, nur im Gegenüber zu Gott, nach dem Denkschema: Hier Welt und wir – dort, über uns, Gott. Vielmehr: „In ihm leben wir, bewegen wir uns und sind wir" (Apg 17, 28). „Deine Augen sahen mich, als ich noch nicht bereitet

war ... von allen Seiten umgibst du mich und
hältst deine Hand über mir" (Ps 139).

Es war die Gefahr der heidnischen Griechen
und ist die unsere im Abendland immer noch:
daß man zwar glaubt, es gibt nur den einen Gott,
den Schöpfer von Himmel und Erde; sein Denken
an diesen Gott heimlich aber weiter von der Kategorie Götter bestimmen läßt. Mit andern Worten, daß man Gott abbildbaren Göttern gleich in
menschliches Sichvorstellen, Begreifen und Definieren hineinholt und so zum Gegen-Stand seines Denkens macht. So bringt man ihn zugleich
in eine Distanz zu sich, die dem Glauben und
Glauben-Können eine allerwichtigste Voraussetzung vorenthält, die Wahrheit: Gott, der
Schöpfer, ist zugleich die das ganze All durchdringende, tragende, bergende, darum auch alle
Armut und Verlorenheit und alles Leid des Menschen mittragende und verantwortende Wirklichkeit. Nur von dieser Voraussetzung her ist jenes letzte ahnende Erkennen denkbar, daß die
johanneische Botschaft schenkt mit dem Wort:
„Gott ist Liebe" (1 Joh 4, 9) – die im gekreuzigten
Christus offenbar werdende Liebe.

Darum ist das erste, was Paulus in der Areopagrede (Apg 17, 22–31) den Athenern von Gott
sagt, und was er auch uns sagt: Gott, der Urgrund
von allem, „ist nicht fern von einem jeden von

uns", er umgibt uns vielmehr bergend von allen Seiten; „in ihm leben wir, bewegen wir uns und sind wir". Wenn aber im Leben – (so nun die volle Christusbotschaft) –, dann auch im Tode, ja erst recht im Tode, wo wir diese Bergung am meisten brauchen, da wir sie uns auf keine Weise mehr selbst besorgen und einander gewähren können.

Stufen der Bergung in Gott

Es gehört zur Vorbereitung auf unseren Tod, die Gott trifft, daß er uns diese bergende Wirklichkeit, die er selbst uns ist und sein will, in Stufen erfahren und mitvollziehen läßt, damit Sterben als der Übergang zur letzten und endgültigen Daseinsstufe in Glauben und Vertrauen geschehe. Mutterschoß ist die erste Verdeutlichung. Wir „leben, bewegen uns und sind" in der Mutter. Gott birgt uns in ihr als in einem Du, das unser Dasein in jedem Augenblick liebend verantwortet, mit jedem Herzschlag nährt, trägt und umhüllt. Wir sehen dieses Du nicht, empfangen aber alles von ihm.

Dann geschieht die Geburt, Entlassung aus Höhle und Nest, Beginn der Entgrenzung auf den Grenzenlosen hin. Die Bilder und Einkörperungen der uns umfangenden, umhüllenden, durch-

dringenden und lebensspendenden Urwirklichkeit Gott bekommen auf dieser zweiten Erfahrungsstufe kosmische Ausmaße: Gott taucht uns
ein in das Licht der Sonne, um die wir als Erde
kreisen – alle Wärme, alle Nahrung, alles irdi-
sche Leben von ihr empfangend. Gott hüllt uns
in eine Atmosphäre, eine Ätherhülle, die uns in
Wellen umflutet, mit der wir ein- und ausatmend
kommunizieren.

Zugleich schenkt sich uns das Licht des Geistes; Leib und Seele tauchen ein in die Sphäre der
Liebe: Wir erwachen zum Erkennen des Du, erst
der Mutter, dann des Vaters, dann mehr und
mehr der Familie Mensch, und – wenn uns die
Gnade des Christwerdens und des Glaubens geschenkt wurde – zum Erkennen des göttlichen
Du, dem sich alles verdankt, damit zum Wiederlieben mit der Liebe, die uns geschenkt wird.

Das alles bedeutet: Wir gewinnen mehr und
mehr eine neue höhere Form von Geborgenheit,
die zugleich Freiheit und Weite ist. Sie entspricht
denen, die ,vom Geschlecht Gottes" sind, Perso-
nen, und die im Wir der Gotteskinder das Geheimnis Gott = Liebe in sich aufnehmen und
spiegeln im Mit- und Füreinanderleben.

Dieses Wir – Gemeinschaft derer, in denen die
Gottverdanktheit der ganzen Welt zum Dank
und zum Fest wird – ist die Kirche. Gottes Gabe

und Vergebung darreichend in Wort und Sakrament, das Leben des Glaubens nährend und die Liebe erfahrbar machend, ist sie auf einer höheren Ebene noch einmal Mutterschoß, zugleich aber Offenheit in die göttliche Weite hinein. Das in ihre Mitte hinein gesprochene Wort des Auferstandenen heißt: „Friede euch!" (Joh 20,19). Was ist Friede? Vollkommene Geborgenheit und grenzenlose Freiheit in einem. Dieser Bereich Friede, der göttliche, ist auf der dritten Stufe der endgültig unsere geworden: Wir sind von Frieden durchdrungen, getragen, durchlichtet, unsere Existenz ist Übereinstimmung mit Gott, ewiges Leben, vollkommene Geborgenheit und unendliche Freiheit in ihm.

Höhle und Nest hinter sich lassen

Es gibt das Versagen vor unserer Berufung, vor dem göttlichen Konzept.

Offenheit für die Unendlichkeit Gottes ist zwar die Grundgnade menschlicher Existenz; denn das Wesen des Menschen geht nicht auf in die Umwandungen eines Hauses oder eines Palastes, in die Grenzen eines politischen Klein- oder Großraums oder auch in die Horizonte der bloßen Natur. Aber in der Abwendung von dem

Un-Endlichen, im bornierten Verzicht auf sein
höchstes Ziel, kann der Mensch seine Freiheit
einzig dazu benutzen, seine Nester und Höhlen
geräumiger zu machen und auszupolstern, seine
jeweiligen Grenzen zu definieren oder abzusi-
chern, statt sie zu überschreiten auf den Grenzenlosen hin. In eine Welt hinein, die dieser Bor-
niertheit weithin verfiel, ist der Offenbarer ihres
Ursprungs und ihrer Berufung gekommen, Christus. Er verkündet das nahe Reich Gottes:
unendliche Geborgenheit und Freiheit zugleich.
Er lebt sie, er läßt sie verspüren. Das Wort des
Auferstandenen „Friede euch!" schenkt sie. Ihm
gegenüber erwachen die Menschen zu ihrem eigentlichen Selbst, sie sehen wieder ihr Ziel. Einer
ruft für alle: „Herr, ich will dir folgen, wohin du
auch gehst" (Lk 9,57). Ihm erwidert Jesus: „Die
Füchse haben ihre Höhlen und die Vögel ihr
Nest, der Menschensohn aber hat nicht, wohin
er sein Haupt lege." Das will sagen: Höhle und
Nest muß man hinter sich lassen in seiner Nachfolge. Geburt muß sich wiederholen. Was wir
hier in ichhafter Verengung als Bergung ansahen,
festhielten, ausbauten, ist ja keine. Sie hält nicht
vor. In jedem Nest nistet zugleich der Tod. Jesus
führt aus diesen Nestern heraus. Wohin? In sein
Zuhause. Er ist „in dem, was des Vaters ist" (Lk
2,49). Dorthin nimmt er mit. Aber das geht nicht

ohne eine Entscheidung für ihn, die zugleich
Scheidung ist von aller Verhaftung im Jetzt und
Hier. Sein Bisher muß man lassen. Das Gesetz
der Geburt, der „engen Tür" (Mt 7, 13), oder des
„Nadelöhrs" (Mk 10, 25), durch das jeweils nur
Leute ohne viel Gepäck, Arme und Kinder, zu
Aufbruch und Durchbruch Bereite hindurch-
kommen, bestimmt auch weiterhin fortschrei-
tend das Erdendasein der durch Christus in das
Reich Gottes Berufenen, bis zur letzten Über-
schreitung aller irdischen Horizonte. Christi liebender Ruf, der Hinblick auf ihn, den Avantgar-
disten in Gottes Reich hinein, den „Anführer
und Vollender unseres Glaubens" (Hebr 12, 2),
ermöglicht den Überschritt: Sterben, das Leben
ist. Von den Mächtigen dieser Erde, den Selbstsi-
cheren und Sichselbstsichernden wurde und
wird dieser Verunsicherer all unserer Sicherhei-
ten, dieser Aufscheucher aus unseren Nestern,
dieser Entgrenzer unserer Grenzen nicht ertragen. Und die konsequent sind in seiner
Nachfolge, teilen sein Schicksal. Aber dieses
Schicksal ist Aufgang, nicht Untergang, endgültige Bergung des Liebenden und der Welt, die ihm
zu lieben aufgegeben ist, in Gott.

Einübung in Dank

Wie sieht Vorbereitung auf den Tod aus, die *wir* treffen können – von der Gnade gedrängt und getragen, anders gibt es keine?

Die wirksamste, beste, wichtigste nennt uns das Hochgebet der Eucharistiefeier: „Immer und überall danken!" Das bedeutet: Eingehen auf und in die Wahrheit, daß alles Geschenk ist – unser Dasein, jeder Herzschlag, die Erde unter unseren Füßen, der Himmel, der sich über uns wölbt, die uns begegnende Welt. Und daß da ein Schenkender ist, der wie Vater und Mutter seine Liebe einbirgt in dem, was er gibt.

Wenn Verdankung der Schöpfung im Menschen zum Dank wird, dann hat da einer Gott wiederzulieben begonnen mit der Liebe, mit der Er uns liebt. So schließt sich Bund. Gott will, daß wir uns dankend hineinlieben in die letzte Wirklichkeit Gott – Liebe, in ihn selbst.

Frühe oder späte Einübung in Dank bedeutet Weiterführung oder Neugeschenk von Urvertrauen, wie es dem Kind an der Wurzel des Menschseins gewährt wird – bis zur Vertiefung in seinen letzten Grund. Immer und überall danken heißt mehr und mehr ernst machen mit dem Glauben, daß die Liebe Gottes alles verantwortet und mitträgt, was uns begegnet, sei es auch Schwerstes, auch Unglück, Krankheit und Tod.

Verwandlung durch Vergebung

Umgekehrt – Sünde: den Schenkenden aus dem Auge verlieren, Geschenktes wichtiger nehmen als ihn. Sich an Geschenktes so verlieren, daß man es gar nicht mehr als Geschenk erkennt, ja nicht einmal mehr das Dasein eines Schenkenden wahrhaben will; die eigene Leistung, das eigene Geld ist an dessen Stelle getreten, Gekauftes rangiert vor Gewährtem, Gemachtes vor Gewachsenem; dementsprechend auf der ganzen Linie Aufgabe vor Gabe. Gabe – selbst die Vokabel wird ärgerlich, an ihre Stelle tritt das Zustehende. – Erstes Merkmal der Verlorenheit des verlorenen Sohnes: Er will, was ihm „zusteht" (Lk 15,12). Mit diesem Wort ist der Fuß bereits in die Fremde gesetzt, in den Bereich fern vom Vater, wo das Eigene nicht mehr das Verdankte ist, wo am Ende niemand mehr bitte oder danke sagt, wo man aber auch nur bekommt, solange etwas zusteht, solange man zahlt.

Beginn der Wende, der Rückkehr zum Ursprung: wenn die Angewiesenheit auf Gabe erkannt wird.

Gnade des Kindseins, der Krankheit, des Alters: *Angewiesenheit* in der Existenz; das ist jeweils die Chance der Neuentdeckung der Wirklichkeit Liebe, des Liebenden.

Aus ihr kann die tiefere Bedürftigkeit hervorgehen: daß man Vergebung braucht, Befreiung aus aller Verstrickung des eigenen Wesens in eine selbstische Welt. Erfahren müssen, daß alles eigene Wollen und Mögen diesen Neuanfang nicht bewirken kann, ist dann die Stunde für die Ankunft der frohen Botschaft: Gott selbst hat uns in Christus mit sich versöhnt, die Versöhnung *ist* geschehen, ich brauche sie nur zu empfangen, ihr zu glauben, mich ihr zu öffnen. Weil Gott so gut ist, kann auch ich wieder gut sein, *Er* macht den Anfang.

Wie Gott meinen Tod einmal verwandeln will in Geburt, so zuvor die Sünde meines Undanks durch Vergebung in noch tieferen Dank, durch Erkennen der in der Todeshingabe Christi für mich bis ans Ende gehenden Liebe.

Fragen auf dem Weg der Umkehr

Wer diesen Prozeß der Wende, der Öffnung für Versöhnung, bei Kranken, Alten, Sterbenden – (und zuvor bei sich selbst) – erleben durfte, der weiß um die Fragen, die ihn begleiten. Und wie sich dem Heilsuchenden die Antwort des Evangeliums schenkt – in der Stille oder auch im verweilenden Miteinander.

Einige dieser Fragen

Frage: Neuanfangen als wenn man noch nie begonnen hätte, ist das wirklich möglich? Es gibt so viel ausgefahrene Geleise ... Schlacken von alter Schlechtigkeit.

Antwort: Überlassen Sie sich Gott, so wie Sie sind, und mit den Umständen, in denen Sie sich vorfinden. Nehmen Sie diese an, solange eine sinnvolle Änderung nicht sein kann. Vor allem nehmen Sie sich selbst an, auch mit etwaigen Verkümmerungen und Verkarstungen des inneren Menschen, die ein glaubensloses Leben nach sich zog. Gott wird damit fertig. Aus den Trümmern des alten Jerusalem baut er eine neue Stadt. Das Glaubenslicht, das er Ihnen schenkte, hat umschaffende Macht.

Frage: In meinem Leben wäre Zahlloses wieder gutzumachen. Da war getrennte Ehe, da waren Kinder, um die ich mich hätte kümmern müssen; da waren junge Leute, die mich haßten, wahrscheinlich mit Recht. Was soll ich tun? Äußeres ist geschehen. Ein paar Briefe sind geschrieben, aber die meisten dieser Menschen sind gestorben oder sonst nicht mehr erreichbar.

Antwort: Hier gibt es wahrscheinlich nichts nachzuholen und nichts wiedergutzumachen durch menschliches Mühen. Hier gibt es nur wiederum die Anheimgabe an den barmherzigen Gott. Daß er Ihnen vergeben hat, bedeutet, er verwandelt im Nachhinein Ihr Leben. Er macht Geschehenes nicht ungeschehen, aber er holt es hinein und hat es schon hineingeholt in einen neuen Zusammenhang durch das Wirken seines das Angesicht der Erde erneuernden Schöpfergeistes. Christus hat die Sünde der gesamten Welt hinweggetragen. Er hat die Vollmacht, alles neu zu machen. Die dunklen Stellen eines Rembrandtbildes sind für sich genommen sinnloses Dunkel, einbezogen in das Kunstwerk dienen sie auf ihre Weise einer Offenbarung von Licht.

An dieser Neuschöpfung sind Sie freilich nicht unbeteiligt. Was Sie in der Zeit Ihrer Gottferne versäumt haben, kann nicht eingeholt, aber in gewisser Weise überholt werden durch das Mehr an Dank und Demut, das aus Gottes Vergebung hervorgeht. Das schlichte Zeugnis einer aufrichtigen Wende zu Gott kann für sein Reich der Wahrheit und Liebe Wesentlicheres bedeuten als ein Leben, das Ihre Erfahrung mit Gottes vergebender Güte nicht gekannt hätte. Sie sind durch

Ihre Vergangenheit gedrängt, das Leiden Christi tiefer in Anspruch zu nehmen als viele. Was das in seinen positiven Auswirkungen bedeutet, ahnen Sie selbst nicht. Sie dürfen aber fest vertrauen, daß Gott denen, die ihn lieben, und wäre es erst in letzter Stunde, alle Dinge zum Guten „kooperieren" läßt, auch die Sünde, wie Augustinus sagt.

Frage: Meine Sünden... Ich habe sie wahrscheinlich längst nicht alle erkannt, vieles einfach nicht behalten, also auch nicht bereut. Ist diese ganze Last von mir genommen?

Antwort: Wenn Gott Ihnen vergeben hat, so bedeutet das, er hat Ihr Böses getilgt. Was er einzig behält und was Sie im Gericht einzig erfahren, wenn Ihr Herz an nichts Bösem mehr festhält, ist Ihr Gutes. Denken Sie an das Gleichnis vom Schuldknecht: „Er erließ ihm die ganze Schuld" – viele Millionen! Zerreißen aber nun auch Sie alle gegen andere lautenden Schuldscheine, die Sie etwa noch in Ihrer Brusttasche vorfinden. Lassen Sie das Ihren Dank sein, daß Sie das Gute Ihrer Mitmenschen behalten oder überhaupt erstmals zu sehen versuchen und deren Böses in Ihrem Gedächtnis tilgen. Mit anderen Worten: vergeben Sie in der Weise, wie Gott Ihnen vergeben hat und vergibt. Richten Sie nicht, so werden auch Sie nicht gerichtet. Auf dieses Wort, eines der kostbarsten in der Bibel, können Sie sich verlassen. Und wenn Sie meinen, an einem bestimmten Menschen nichts Gutes wahrnehmen zu können, so sehen Sie Gottes Güte, die für den anderen genau wie für Sie, also für Sie beide in den Tod ging.

Der Geist, der mit Ihrer Sünde ausgeräumt hat, ist Ja-Geist. Christus war und ist Gottes Ja zu Ihnen. Alles Nein, das Ihre Sünde sagte, kam gegen dieses Ja nicht auf. Versuchen Sie das Ja, mit dem Sie bejaht sind, weiterzusagen trotz aller Fehler in Ihrer Umgebung und aller Erbärmlichkeiten der ganzen Welt. Enthalten Sie sich unnötiger, fruchtloser Kritik. Deren unbewußter Antrieb ist selten Liebe, meist das Gegenteil: man sucht das eigene Oben, indem man das Unten der anderen feststellt. Fremde Fehler dienen uns zur eigenen Rechtfertigung.

Frage: Ich bin alt. Ich falle anderen weit mehr zur Last, als daß ich ihnen Lasten abnehmen könnte. Mein Leben ist nutzlos geworden. Das war es schon vorher, denn ich habe es sozusagen als Privatbesitz verbraucht. Was kann ich jetzt noch tun?

Antwort: Es kommt nicht auf das Was und Wieviel Ihrer guten Taten an, sondern auf das

Warum. Paulus sagt, worin bei uns die Lebens-
wende und die Neuwerdung besteht: daß man
„nicht mehr sich selbst lebt, sondern ihm, der für
uns gestorben und auferstanden ist" (2 Kor 5, 15).
Die entscheidende Kehre in einem Leben hat sich
vollzogen, wenn die Motivation eine andere geworden ist; wenn man also nicht mehr sich
selbst, sondern Christus im Auge hat mit dem,
was man tut, läßt, denkt, leidet. Nicht die äußere
Großartigkeit oder feststellbare Kirchlichkeit eines Tuns entscheidet über mein Heil, sondern
die Liebe, die sich in mein alltägliches Tun und
Lassen und Leiden einbarg. Was gibt es beispielsweise Absichtsloseres als einen Gruß! Und doch
kann er mehr bedeuten als die Errichtung eines
ganzen Hospitals. Als Maria Elisabeth grüßte,
begab sich Heilsgeschichte; da ging und geht etwas weiter bis zum Jüngsten Tag. Ein Mensch vi-
brierte von Gott, von Dank, und die Stimme seines Grußes genügte, daß er weitergab, was er
selbst empfangen hatte: den Frieden, Gott; Grö-
ßeres kann einer nicht geben, Wichtigeres nicht
tun.

Frage: Ich falle immer wieder in bestimmte Fehler zurück. Ich hätte Lust, alles aufzugeben. Es
hat ja doch keinen Zweck …
Antwort: Darf ich Ihnen eine kleine Geschichte

erzählen: Die hl. Gertrud, eine Benediktinerin, hatte die Gabe, Theologie in Bildern zu sehen. Eines Tages gewahrte sie in dichter Nähe Christi eine Frau in einem plissierten Kleid von entzükkender Schönheit. Sie fragte Christus, was das Kleid zu bedeuten habe, und warum ihm die Frau so nahe stehe. Er erwiderte: Da fiel ein Menschenkind immer wieder in die gleichen Fehler, ließ sich aber durch meine Gnade ebensooft wieder aufrichten und fing im Glauben an mich immer neu an: aus ihrem Leben habe ich eine solche Herrlichkeit gemacht, wie Du sie in diesem Kleid dargestellt siehst. Und besonders nahe steht sie mir darum, weil sie meiner Liebe mehr glaubte als viele. – Übrigens nimmt man mit Recht an, daß das plissierte Kleid der Maria Magdalena auf dem Isenheimer Altar auf diese Geschichte aus den Offenbarungen der hl. Gertrud zurückgeht.

Frage: Ich komme gegen meine Lauheit nicht an. Zuweilen möchte ich mich selber ausspucken. Was kann man tun, um die „erste Liebe" wiederzugewinnen?
Antwort: Tun Sie die „ersten Werke"! – so steht es für den geschrieben, der die erste Liebe nicht mehr hat – (Offb 2, 5). Dann dringt die erste Liebe mit Sicherheit wieder durch. Mit anderen Worten: geben Sie Gott wieder die Erstlinge! Bei-

spielsweise in der Frühe: Beten Sie erst, bevor Sie einen Blick in die Zeitung werfen! Besuchen Sie erst Ihre alleinstehende alte Nachbarin und schauen Sie, was sie braucht, bevor Sie ihre eigenen Einkäufe machen! Tun Sie jeden Tag irgend etwas Entscheidendes gegen die Vergeßlichkeit, die bekanntlich im Alter nicht abnimmt – ich meine jetzt nicht die in den Nerven begründete, sondern die des Herzens –: feiern Sie also oft das Gedächtnis Christi und geben Sie der Lektüre der Hl. Schrift oder eines Buches, das aus diesem Raum kommt und Ihre Verbundenheit mit Gott erneuern hilft, den unbedingten Vorrang. Und üben Sie sich in Freiheit neu ein in gewisse kleine Verzichte, gelegentlich etwa auf die gewohnten Nachrichten im Fernsehen oder irgend etwas anderes für den geistigen oder leiblichen Gaumen, damit Sie den früheren Geschmack an Gott wiederbekommen. Lassen Sie getrost jeden Tag ein bißchen Glück oder Vergnügen fahren, um ewige Seligkeit zu gewinnen.

Vielleicht darf ich wieder eine Geschichte erzählen:

Ein neunjähriger Bub kommt mit der aufgeschlagenen Schulbibel zu seinem Vater und fragt: „Was sind Erstlinge?"

Der Vater überlegt und sagt es so: „Denk Dir eine Familie in Israel, die hatten einen Garten.

So wie wir. Nun wurden die Erdbeeren reif, die Du so gerne magst. Wenn es so weit war, pflückten sie ein Körbchen mit den ersten und schönsten und nahmen das mit zu ihrem Gottesdienst; ich denke mir, die waren dann für Leute, die keinen Garten hatten und kein Geld für Erdbeeren."

„Vater, warum mußten die Israeliten das?"

„Sie sollten nicht vergessen, daß Gott uns alles wachsen läßt, daß alles ihm gehört und er uns alles gibt. Und sie sollten ihm zeigen, daß sie ihn auch lieb hatten. Denn was man mit anderen teilt, besonders mit den Ärmeren, das sieht Gott so an, als habe man es ihm gegeben."

„Vater, brauchen wir das nicht, die Erstlinge geben?"

„Nein." – „Warum brauchen wir das nicht? Haben wir denn Gott nicht so lieb?"

Der Vater nach einigem Zögern: „Mein Kind, wir brauchen das nicht, d. h. für uns steht das nicht mehr so aufgeschrieben, weil Gott denkt, wir Christen tun so etwas von selbst."

Darauf das Kind: „Aber, Vater, wir tun so etwas doch gar nicht."

In dem Protest des Buben meldete sich so etwas wie eine erste Liebe zu Gott, die die meisten von uns nicht mehr haben. Wir tun im Grunde weniger für Gott als die Juden im Alten Bund.

Wir geben nicht das Erste und Schönste, sondern meist einen gewissen Anteil vom Überfluß. Das gilt auf der ganzen Linie. Aber sind wir da eigentlich im Heil? Hat Jesus das gewollt? Daß wir weniger für Gott tun als die Leute in Israel? Es uns bequemer machen? Was müßten wir denn Gott geben? Der Blick auf den Gekreuzigten sagt: alles.

Vielleicht sollte man mit den Erstlingen wieder anfangen? Um sich einzuüben? Gott war ja wohl ein guter Pädagoge.

Frage: Gibt es eine Sterbehilfe, wie es eine Lebenshilfe gibt?

Antwort: Ja. Die eigentliche, unverfügbare, auf die wir aber bauen dürfen, ist die Gegenwart Christi, die gleiche, die der rechte Schächer erfuhr. Für diese Erfahrung sind Sie durch Glauben geöffnet und vorbereitet. Diese Vorbereitung ist darum auch die bei weitem wichtigste. Wenn Sie im Leben an Christus glauben und alles tun, um diesen Glauben zu nähren, dann kann der Tod Ihnen nichts tun. Sie werden „in Ewigkeit nicht sterben", wie das Johannesevangelium sagt. Das Christusleben in Ihnen wird aus Ihrem Sterben Geburt werden lassen.

Im Dienst dieser zweiten Geburt, und damit die Gegenwart des Herrn erfahren nicht behin-

dert werde, gibt es aber eine weitere von Gott
vorgesehene Hilfe: die Anwesenheit und das Gebet der Kirche. – Kirche ist das Beziehungsnetz
Liebe, das von Gott dazu bestimmt ist, uns im Leben wie im Sterben in Gott hineinzubergen. Lieben Sie diese Kirche – sie wird heute nicht sehr
geliebt –, es wird dann eine letzte Gnade sein,
wenn ihr Gebet Ihnen das Geleit gibt bis unmittelbar an die Schwelle der „Tür, die ins Leben
führt." Dieses Gebet wehrt den verwirrenden
Mächten, die in die Seele eindringen wollen,
wenn die leibliche Schwäche ihren äußersten
Grad erreicht und das eigene Gebet nicht mehr
gelingt, Gedanke und Wille der letzten Stütze
vom Vitalen her beraubt sind, und mit dem äußeren Auge auch das innere sich verdunkelt...
Das Gebet der Kirche hat in dieser Stunde auf-
richtende Macht, hilft durchzuhalten im Glauben an das rettende Licht. So wird auch im
Sterben noch erfahren, was wir im Leben vielleicht nicht genug wahrhaben wollten: daß wir
im Wir der Gotteskinder zum gemeinsamen Vater gelangen.

Frage: In meinem alten Leben ist so viel Leere.
Das meiste ist Warten – auf den Eintritt eines
Menschen, auf das Essen, auf ein seltenes Ge-
spräch. Mein Augenlicht versagt, ich kann also

nicht mehr lesen. Längeres Radiohören ermüdet mich. Was fang ich mit dieser Leere an?

Antwort: Vielleicht denken Sie an die Leerzeit des Soldaten auf Wache oder am Radarschirm. Es passiert nichts. Und doch hängt an diesem geduldigen Stehen, Lauschen, Warten, Ausschauen – mit der Unmöglichkeit, sich die Zeit anders zu vertreiben – das Schicksal vieler, einer Stadt, eines Landes.

Ihr Warten ist Hohlform für ein anderes Ereignis, für eine andere Erfüllung: den kommenden Christus. Es gibt nicht viele Menschen mehr, die überhaupt noch nach Christus ausschauen. Tun Sie es stellvertretend mit diesen wenigen für die Welt. Vielleicht versuchen Sie am Morgen oder am Abend diesen Sinn Ihres jetzigen Lebens zu sehen und zu akzeptieren, also den Advent.

Von seinem Kommen in die Nacht dieser Welt und in das Leben jedes einzelnen hinein spricht Christus mit den Worten: „Siehe, ich stehe an der Tür und klopfe an. Wenn jemand meine Stimme hört und die Tür auftut, zu dem werde ich eingehen und Mahl mit ihm halten und er mit mir.“ – Das Klopfen dieses Freundes mit seiner Verheißung hört man nur in der Stille, und wenn man bei sich zu Hause ist, nicht „draußen“ ist, nicht ein Getriebener im Getriebe dieser Welt.

Ob das Übermaß von Stille, das Ihnen ge-

schenkt ist, nicht so etwas wie ein Ausgleich
werden könnte für das Zuwenig davon in dem
Leben so vieler Menschen heute, vielleicht be-
stimmter Angehöriger – sofern Sie es in solcher
Bereitschaft annehmen?

Vom alten Claudel gibt es ein Gedicht[1] aus
seinen letzten Jahren, das in Ihrer eigenen Erfahrung gewiß Resonanz finden wird:

> Warten bloß
> wie gut das ist
> Ich bin alt
> ich bin ein Christ
> Noch nicht ganz
> und mehr noch nicht
> Was ich konnt
> hab ich verrichtet
> Pfot und Pfote
> Tritt um Tritt
> Trotte zarte Stunde mit
> Tropf um Tropfen
> Tropf um Tropfen
> Lausch ich Gott
> und seinem Klopfen
> Im Schweigen
> und im Wissen
> Im friedlichen
> Gewissen.

[1] Aus: Paul Claudel, Antlitz in Glorie. Übertragen von
Hans Urs von Balthasar. Johannes-Verlag, Einsiedeln.

Heinrich Spaemann

Und Gott schied das Licht von der Finsternis

Christliche Konsequenzen

Hier faßt Heinrich Spaemann seine lebenslangen Bemühungen um christliche Existenzerhellung und Weisheitstiefe zusammen. Entschiedenheit für das Licht, das dem Menschen in Christus aufgeleuchtet ist, und ein entschieden christlicher Lebensstil sind sein Anliegen. Immer wieder geht es um einen Glauben, der wirklich Konsequenzen zieht, der sich vom göttlichen Licht – gleichwie die Erde von der Sonne – anziehen läßt, der in dieser Sphäre der Liebe vollkommene Geborgenheit, unendliche Freiheit, den wahren Frieden findet. Das Buch drängt zur Praxis. Es ist voll von Anregungen für die konkrete Lebensgestaltung. Diese zahlreichen Hilfen sind schließlich in kurzen Weisungen für eine geistliche Lebensordnung verdichtet und im Anhang durch eine Sammlung erstaunlicher Worte des hl. Pfarrers von Ars nochmals vertieft.

192 Seiten, kartoniert (Bestell-Nr. 19540)

Verlag Herder

Freiburg · Basel · Wien